문화와
역사를
담　다
０６９

성파스님의 지대房

성파스님 그림
노성환 글

저자 서문

 이 책의 이름을 「성파스님의 지대방」이라 지었다. 「지대방」이란 스님들의 사랑방이다. 대체로 선방 옆에 딸린 작은 방이다. 스님들이 참선 수행하다가 쉬는 시간에 잠시 와서 피곤함도 풀고 차를 마시며 여러 잡담을 나누기도 한다. 이러한 점에서 스님들의 휴식공간이라 해도 좋다. 때로는 방을 배정받지 못한 객승들이 머무는 곳이기도 하다.
 지대방의 어원적 기원에 대해서는 지금까지 대략 두 가지 견해가 주류를 이룬다. 하나는 「지대방」의 「지대」는 스님들이 주로 행장을 넣고 다니는 자루를 뜻하는 순수 우리말이라는 것이다. 이러한 뜻을 가진 「지대」와 「방」이 합쳐져 생긴 말로 본다. 이 설을 따르면 「스님들이 행장을 놓아두는 방」을 뜻한다.
 또 다른 하나는 「지대」를 「기대다」의 경상도 방언인 「지대다」에서 나온 말로 해석하는 것이다. 이 말을 따르면 그 방은 벽에 「기대어 쉴 수 있는 편안한 방」이라는 뜻이 된다. 언어학자가 아닌 나로서는 어느 것이 옳은 지 알 수 없다. 이 두 가지 해석을 모두 합치면 지대방은「스님들이 행장을 풀고 벽에 편안히 기대어 쉬는 곳」이 된다.

　사실 그 기원을 찾는 것보다 그것이 가지는 역할과 기능이 더 중요하다. 스님들은 원칙적으로 운수납자雲水衲子이다. 구름처럼 물처럼 어디에도 머무름 없이 떠도는 수행자라는 뜻이다. 성파스님의 말씀에 따르면 우리나라 스님들은 무더운 여름이 되면 남쪽에서 북쪽으로 이동하여 한철 지내고, 겨울이 되면 따뜻한 남쪽으로 내려와 한철 지내는 경향이 있다고 한다. 일 년에 두 차례 안거 철이 되면 마치 철새와 같이 이동하는데,「금일은 충청도요, 명일은 경상도」라는 말이 생겨날 정도로 전국 방방곡곡 스님들이 안가는 곳이 없다. 그러므로 바깥 사정은 누구보다도 잘 알았다. 게다가 스님들은 문자를 알고 산에서 도를 닦는 사람들이어서 기억력도 뛰어나고, 후각도 발달해 있어서 그 정보력은 보부상들 보다 훨씬 더 넓고 빨랐다. 우리의 눈에는 보부상들이 여러 지역을 돌아다니며 물건을 파는 직업이라고 보이지만, 사실은 그들의 활동 무대는 한정되어 있었다. 그에 비해 스님들은 지역적인 경계가 없었다. 심지어 외국에까지 자유롭게 드나들 수 있는 신분이었다. 운수납자라는 신분적 특성을 보면 스님처럼 전국을 돌아다니며 직접 보고 들은 정보를 가진 사람은 없었다.

　일세시내 동도중학교 교사를 하시며 항일운동을 하셨던 조용명曺龍溟(1906-2003) 스님이 생전에 "나는 200년 역사를 꿰고 있다. 100년은 들어서 알고, 100년은 내가 경험해서 안다."고 말씀하시곤 했다고 전해진다. 이처럼 스님들의 정보와 지식의 양은 상상을 초월할 정도이었다. 지대방은 이러한 스님들이 모여 이야기보따리를 푸는 곳이다. 그러므로 스님들이 각자 보고 느끼고 얻은 전국의 소식과 정보가 모였다. 지금은 각자 휴대폰을 가지고 있는 시대가 되어 옛날과 같은 지대방 맛이 없지만, 과거에는 지대방에서 모든 소식이 나온다 해도 과언이 아니었다.

성파 스님의 지대방은 서운암 토굴 다락방茶樂房이다. 이곳은 차를 즐기는 방이라는 뜻을 가진 나의 연구실이지만, 항상 사람들이 찾아와 차를 마시며, 즐거운 이야기가 오가는 공간이다. 스님은 작업을 하시다가 간혹 이곳에 들러 머리를 식히신다. 그러므로 이곳에서 공부하는 통도사 차문화대학원생들과 연구원들은 스님과의 만남을 하나의 즐거움으로 삼고 있다. 어떤 이들은 일단 다락방에 들어와 스님이 계시지 않으면 들어오실 때 까지 집에 돌아가지 않고 기다리기도 한다. 스님이 들어오시면 이야기의 꽃이 핀다. 온갖 화제가 다식이 되어 찻상에 떠오른다. 나의 다락방이 스님의 지대방이 되는 셈이다.

이 책은 2024년 1년 동안 다락방에서 스님으로부터 들었던 이야기들을 엮은 것이다. 스님의 말씀은 영역을 초월한다. 불교와 유교를 비롯해 그림, 도자, 염색, 한지, 음식, 다도 등 모르는 것이 없을 정도로 폭이 넓고 깊다. 스님의 이야기에는 미묘한 매력이 있다. 스님은 먼저 고전에서 나오는 명구名句를 우리들에게 뽑아 던지고 이야기를 시작하시는 특징이 있다. 그러므로 무척 어렵게 보이지만 사실은 그렇지 않다. 누가 들어도 이해할 수 있도록 논리적이면서도 아주 쉬운 용어로 설명하신다. 그리고 표현에는 돌려 말하는 완곡법이 없다. 일이관지一以貫之의 기법으로 하나를 가지고 모든 것을 꿰뚫는다. 그것도 풍부한 인생의 경험을 바탕으로 나오는 것이기에 어느 누가 들어도 값진 법문이다. 그러므로 스님의 이야기는 하나도 허투루 들리지 않는다. 곱씹으면 씹을수록 구수한 맛이 난다. 이것 또한 우리들만 듣고 말기에는 너무나 아깝다. 그리하여 많은 사람들에게 스님의 말씀이 알려지길 바란다. 이에 힘입어 한권의 책으로 엮었으니, 이를 통하여 조금이라도 스님과의 인연을 맺기를 바란다.

그러나 나에게는 한 가지 두려움이 있다. 스님이 해주신 말씀 중 「춘색무고하春色無高下 화지자장단花枝自長短」이라는 말이 있다. 「봄빛은 높고 낮음이 없는데, 꽃가지는 스스로 길고 짧음이 있다」는 뜻이다. 스님의 이야기는 봄빛과 같이 차별 없이 세상을 두루 비추지만, 그것을 받고서도 짧고 긴 꽃가지가 생겨나듯이 각자의 능력에 따라 이를 받아들이는 것이 다르다. 이 책을 엮은 나 자신이 봄빛을 받은 꽃가지 중 짧은 것인지 긴 것인지는 나는 아직 모른다. 그것이 두렵다. 그에 대한 평가는 여러분들에게 미루고자 한다. 만일 그것이 짧은 가지의 결과라 하더라도 스님을 위한 마음에서 우러나온 것이라고 생각하여 넓은 아량으로 이해하여 주기를 바란다.

끝으로 오늘날 출판 경기가 좋지 않다고 듣고 있다. 결코 녹록치 않은 출판 사정에도 불구하고 항상 나의 보잘 것 없는 원고를 맡아 훌륭한 책으로 엮어 주시는 민속원의 홍종화 사장님을 비롯한 편집부 관계자 여러분들께 진심으로 감사를 드린다.

2025년 1월 9일
통도사 서운암 토굴 연구실에서
노성환

목차

저자 서문 4

다도와 주도
선다禪茶의 정의 14
다반향초茶半香初와 수류화개水流花開 22
진정한 다인의 자세 28
차의 꽃과 열매 32
성파의 이차대주론以茶代酒論 40

마음예술
마음의 표현 50
마음의 꽃 56
스님의 마음 양식 62
홧병은 마음의 병이다 68
고려청자의 색깔이 주는 의미 74

부부애정
스님의 연애론 84
어느 부부 이야기 92
여인 치마폭에 시를 쓴 선비와 승려 100
통도사 연밭에서 핀 사랑 이야기 110

생활법문

성범동거聖凡同居과 용사혼잡龍蛇混雜	122
환경이 중요하다	126
사물은 종합적으로 보고 판단하라	132
허수아비를 먹어치운 영리한 소	140
스님이 들려준 칠석 이야기	146

정신지혜

근검과 절약	156
인재와 겸손	162
참된 용기와 실천	172
문수理判와 보현事判	176
평등공양과 차등보시	182

통도사의 역사 민속

통도사의 용왕재	188
통도사의 풍수지리 전쟁	200
팔노승시금지석	206
우운대사의 모친 묘소	216
통도사의 수미단에는 인어가 산다.	228
호혈석과 명태국	238
용악스님과 구하스님	244
감나무를 베고 닥나무를 심는 이유	254
보경호의 유래	270

선다禪茶의 정의

다반향초茶半香初와 수류화개水流花開

진정한 다인의 자세

차의 꽃과 열매

성파의 이차대주론以茶代酒論

1

다도와 주도

선다禪茶의 정의

선다시

 오늘 연구회에서 한 회원이 「경봉선사의 선다 연구」라는 테마로 발표를 했다. 그때 뜨겁게 논의가 된 것이 「선다시禪茶詩」가 무엇이냐 하는 것이었다. 어떤 이는 좁은 의미로 「선승들이 차에 관해 지은 시」라 했고, 또 어떤 이는 확대하여 비록 승려가 아닐지라도 선의 의미를 지닌 차에 관한 시라면 「선다시」의 범주에 넣을 수 있다고 주장했다. 그러다가 「선다시」보다는 먼저 「선다」가 무엇인지부터 정의를 내리는 것이 시급하다고 하며 그것에 대한 논쟁으로 옮겨갔다. 결론이 좀처럼 나지 않았다.
 이때 스님이 다락방으로 들어오셨다. 그 순간 조용해지더니 한 회원이 용기를 내어 "스님 생각에는 선다를 어떻게 정의를 내리면 좋을런지요?"라고 물었다. 이 말을 들은 스님은 빙그레 웃으시더니 다음과 같은 글귀를 노트에 적으셨다.

聲前眉語傳	말하기 앞서 눈썹으로 전하고
默然眼微笑	말없이 눈으로 미소 짓네

스님은 "이 말은 언제부터 생겨난 말인지 모르나, 경봉스님도 「상견미어도相見眉語渡 묵연안미소默然眼微笑(서로 마주 보고 눈썹 말을 건네고, 묵묵히 있다가 눈으로써 미소한다)」이라는 말을 자주 사용하셨다."고 했다. 뜻은 앞의 것과 같다. 「목격이도전目擊而道傳」이라는 말이 있다. "눈만 마주쳐도 도가 전해진다는 말이다. 눈썹으로 전하고 그것에 대해 눈으로 응답하듯이 불교에서 선이란 그다지 긴 말이 필요 없는데, 그것에 대해 무슨 내용으로 길게 논문을 쓰려고 하느냐?" 하고 반문하시는 것이었다.

마치 이 말은 부처님께서 영축산靈鷲山에서 설법을 하실 때 꽃을 집어 들어 군중에게 보였을 때 군중은 모두 침묵하였으나 오로지 가섭존자迦葉尊者가 얼굴을 흩뜨리며 미소 지은 염화미소拈花微笑*와도 같다.

오늘 스님은 작정이라도 하신 듯이 어려운 한자용어와 알기 쉬운 이

---

* 이 이야기는 『대범천왕문불결의경(大梵天王問佛決疑經)』에 처음으로 등장한다. 석가모니가 영산(靈山)에 있을 때 범왕(梵王)이 금색의 바라화(波羅花)를 바치면서 설법을 청하였다. 그때 석가모니가 꽃을 들어 대중에게 보이자 모든 사람이 무슨 뜻인지를 몰라 망연하였는데, 대가섭(大迦葉)만이 미소를 지었다. 이에 석가모니는 "나에게 정법안장(正法眼藏)과 열반묘심(涅槃妙心)이 있으니, 이를 대가섭에게 부촉하노라."라고 하였다. 그 뒤 이 내용은 중국의 여러 선서(禪書)에 인용되면서 선종의 근거가 되는 중요한 내용으로 채택되었다.

야기들을 다른 날에 비해 많이 비유로 들어 길게 설명하셨다. 대략 그 내용을 정리하면 다음과 같다.

선다시란?

선다에 대해 다인들은 많은 말로 설명하고, 학자들은 긴 문장으로 논문을 쓰겠지만, 정작 선사들은 그것에 대해 길게 말하지 않는다. 선다를 단적으로 설명하자면 이상과 같은 말들로 표현할 수 있다. 진리는 말과 글이 아닌 마음으로 전해지듯이 진리를 담은 선다도 말이 필요 없다. 경봉스님은 곧잘 법상에 오르시기 전에 "이미 나의 법문을 다했다."고 말씀하시곤 했다. 진리를 전하는 법문이 그다지 말이 필요 없다는 것을 강조하신 것이다.

이렇게 말씀하시곤 재차 숨을 고르시더니, 선다란「일참일악사一斬一握絲」*라는 말처럼 수행은 복잡하게 얽힌 실타래를 단칼에 잘라 해결할 수 있는 칼을 찾으려고 하는 것이다. 불교에서는 그 칼이 바깥에 있는 것이 아니라, 자기 자신에게 있다고 본다. 절에서는 그 칼을 찾기 위해 수행하는 장소인 강원을 심검당尋劒堂이라 일컫는다.

이를 알지 못하고 자꾸 바깥에서 찾으려는 사람을 빗대어 (1)「종일주홍진終日走紅塵 실각자가진失却自家珍」 또는 (2)「종일수타보終日數他寶 자무반전

---

* 이 말은 『금강경』(下) 〈제15 持經功德分〉의 冶父頌에 나오는 말이다. 그것에는 「如斬一握絲하야 一斬에 一切斷이로다(마치 한줌의 실을 끊음과 같아서 한번 끊으면 一切가 끊어짐이로다)」라고 되어있다.

분自無半錢分」이라 한다. (1)은 하루 종일 세속에서 헤매다가 자기 집의 보배를 잊어버린다는 것이고, (2)는 하루 종일 남의 돈을 헤아릴 뿐 자신의 돈은 한 푼도 없다는 의미이다.

 이러한 자야말로 자신에게 있는 보검을 두고, 바깥에서 그것을 찾으려고 노력하는 어리석은 자들이다. 이러한 자들을 깨우치게 하는 게송이 있는데, 야부도천冶父道川(1127-1180)의 다음과 같은 시라고 하시며 다시 붓을 들어 적으셨다.

與君同步又同行	그대와 함께 걷고 함께 행하며
起坐相將歲月長	앉으나 서나 항상 서로 가진 세월이 오래되었다.
渴飮飢飡常對面	목마르면 마시고 주리면 먹으며 항상 서로 대하니
不須回首更思量	모름지기 머리를 돌려 다시 생각하지 말지어다.

이 시에서 보듯이 항상 부처(진리)와 함께 하고 있으면서도 어리석은 사람들은 머리를 돌려 다른 곳에서 찾으려고 하는 것에 대한 경책의 내용을 담고 있다고 하셨다. 그리고는 이러한 것에 대해 불교에서 재미있는 표현이 있는데, 그것이 「연비산공착영連臂山空捉影」이다. 이것은 『관음예문觀音禮文』에 나오는 한 구절이다. 그것에는 다음과 같은 내용이 있다고 하시면서 노트에 적으셨다.

月磨銀漢轉成圓	달이 은하수를 오가면서 점점 둥글어지니
素面舒光照大千	하얀 달빛 대천세계를 밝혀주네

| 連臂山山空捉影 | 성성이가 팔을 이어 부질없이 그림자 잡으려 하나 |
| 孤輪本不落靑天 | 높이 뜬 저 달은 본래대로 푸른 하늘에 그대로 있네. |

이 말을 듣는 순간 그 표현이 너무 재미있거니와 그것과 관련된 원숭이 이야기가 있을 것 같아 조심스럽게 나는 스님께 "이것과 관련된 이야기가 있는지요?"라고 하자, 스님은 다음과 같은 아주 흥미로운 이야기를 들려 주셨다.

아주 먼 옛날 500마리의 원숭이들이 살았다. 어느 날 사람들이 부처님께 많은 공양물을 바치는 것을 보았다. 그들도 무엇인가 훌륭한 공양물을 올리기로 상의한 끝에 연못에 비친 보름달을 건져 올리기로 결정하였다. 그리하여 나무 위에 모두 올라가서 한 마리 한 마리 팔에 팔을 잡아 길게 만들어 연못에 있는 달을 건지려고 했다. 그러나 건질 때 마다 물결은 흔들리고 달은 깨어졌다. 한참을 기다려 물결이 멎으면 다시 건졌다. 그렇게 하기를 밤이 새도록 하였으나 결국 달을 건지지 못했다. 그리고 끝내 힘이 다한 원숭이들은 모두 그 못에 빠져 죽었다. 그들이 다시 태어나 모두 부처님의 제자가 되어 아라한과를 얻었는데, 이들이 오백나한들이다.

이러한 원숭이들과 같이 되어서는 안된다는 것이다. 연못에 비친 달은 달 그림자이지 결코 달이 아니다. 그것을 헛되게 쫓다가 목숨을 잃은 원숭이 이야기는 참된 모습을 보지 못하고 거짓된 모습만 쫓다가 생애를 마감하는 어리석은 사람을 비유한 것이다. 이러한 사람이 되지 말라는 것이다.

그러기 위해서는 논리에만 매달리지 말고, 진리를 찾아야 한다. 그 방법으로서 불가에서는「사교입선捨敎入禪」을 택한다. 처음에는 교리를 공부하지만, 그 이후에는 과감히 교리를 버리고 선공부에 들어가는 것이다. 그러지 않고 교리에만 머물러 있다면 마치 그것은「입해산사入海算沙」, 즉, 바다에 들어가 모래를 세는 꼴이 되어 버린다.「선교입선」하여 수행하다보면 결국 교와 선이 따로 분리되어있는 것이 서로 하나가 되어있다는 사실을 깨닫게 된다. 그렇게 되었을 때 자신의 보검을 찾았다고 보아야 될 것이라고 하셨다.

이 단계에 다다르면「용사혼잡龍蛇混雜」이라는 말처럼 용과 뱀이 혼잡해 있고,「성범동거聖凡同居」라는 말과 같이 성과 범이 함께 있게 된다. 즉, 그 말은 용과 뱀이 하나이고, 성과 범 또한 둘이 아닌 하나임을 알게 되는 것이다. 다도도 그러해야 한다고 하셨다. 따라서 차를 통하여 주와 객이 하나가 되었을 때 비로소 다도의 완성이 이루어진다. 이러한 의미에서 선다禪茶란 견성을 위한 다회이며, 이것을 의식화儀式化한 것이 선다법禪茶法이다. 즉, 선다란 차를 통한 견성의식이라 할 수 있을 것이라고 힘주어 설명하셨다.

그리고 다시 이어서 "이러한 선다법을 통해 수행하여 칼을 얻었다면 그 칼은 잘 사용 하여야 한다. 이를 두고 불가에서는「중생수기득이익衆生隨機得利益」이라고 한다."고 하셨다. 이것은 다음과 같이「법성게」*의 내용 중

---

* 陳의 영정2년(558)에 출생한 계순(桂順)은 당태종으로부터 존경 받는 스승으로 신임을 받아 화엄종을 개설한 초조(初祖)이고 지엄대사가 2조, 현수대사가 3조가 되는데 신라 제30대 문무왕 6년(661)에 의상대사가 당나라에 들어가 종남산 지상사 지엄대사를 찾아가 화엄종취를 연구하였다. 그때 지엄대사는 화엄법계 무량의품에 도취되어 화엄의 근본이취를 72개의 도(圖)로 종합 정리해 놓고 있었다. 이것을 보고 의상대사는 1개의 법성도에다가 30귀절의 게송으로 요약하여 법성게도를 완성하여 지엄대사에게 제출하였더니 자신의

나온 것이다

能仁海印三昧中	능인의 해인삼매 중에서
繁出如意不思議	여의주와 같은 불가사의한 도리를 번출하여
雨寶益生滿虛空	허공 가득 보우를 내리시어
衆生隨機得利益	중생들의 근기에 따라 이익을 되게 한다.

수행의 결과물로서 얻어진 칼 그 자체가 체體라면 그것의 쓰임은 용用이다. 세속에서 칼을 제일 사용할 줄 아는 사람은 백정이다. 옛날에「포정해우庖丁解牛」라는 이야기가 있다. 이 이야기는『장자莊子』의「양생주養生主」에 나오는데, 그 내용을 소개하면 대략 다음과 같다.

포정이 문혜군을 위해 소를 잡았다. 손을 대고, 어깨를 비스듬히 기울이고, 발로 꽉 짓누르고, 무릎을 구부리면서 경쾌하게 소리를 내고, 칼이 움직이는 대로 살을 잘라내는 것이 마치 음악을 연주하는 듯했다. 그 실력이 워낙 빼어나 보고 있던 문혜군이 감탄했다. "아, 정말 훌륭하구나. 어찌 이리 훌륭한 기술을 지닐 수 있단 말인가." 그러자 포정은 칼을 놓고 대답했다. "저의 기술이야 뛰어나겠지요. 하지만 제가 좋아하는 것은 도道입니다. 소를 처음 다룰 때는 오직 소만 눈에 들어 왔습니다. 하지만 3년 정도 흐르고 나니, 온전한 소

72개 화엄 찰요보다 수승하다는 칭인(稱印)을 내리므로 세상에 발표하게된 것이며 그 후로 수행과 공덕을 의지하게 된 것이다.

대신 다루어야할 부위만 눈에 들어왔습니다. 게다가 지금은 눈이 아닌 마음으로 소를 대하는 경지까지 이르렀습니다."*

이렇게 재미있는 이야기를 들려주시고는 우리들에게 "여기에서 포정은 일개 소 잡는 백정에 지나지 않지만, 그의 경지는 도인에 가깝다. 그의 소 잡는 기술은 피나는 수행 끝에 얻어진 결과이며, 그것을 발휘할 수 있는 도구인 칼이 그에게 주어져 있다. 선다를 하는 사람은 포정이 되어야 한다. 칼을 얻는 데만 노력할 것이 아니라, 그것을 어떻게 유용하게 쓸 것이냐 하는 것도 고민도 해야 한다. 이것이 모두 잘 이루어졌을 때 진정한「선다」가 이루어졌다고 할 수 있을 것이다."고 말씀하셨다. 이러한 설명을 듣고 묵연히 미소를 짓지 못하는 우리들을 향하여 "밥하러 안갑니까?" 하시더니, 벗어둔 모자를 머리에 쓰시고는 다락방 문을 열고 토굴로 내려가셨다.

---

* 원문:「庖丁為文惠君解牛、手之所觸、肩之所倚、足之所履、膝之所踦、砉然嚮然、奏刀騞然、莫不中音。合於《桑林》之舞、乃中《經首》之會。文惠君曰:「譆!善哉!技蓋至此乎」「庖丁釋刀對曰:「臣之所好者道也、進乎技矣。始臣之解牛之時、所見无非牛者。三年之後、未嘗見全牛也。方今之時、臣以神遇、而不以目視、官知止而神欲行。依乎天理、批大郤、導大窾、因其固然。技經肯綮之未嘗、而況大軱乎!」(포정이 문혜군을 위해서 소를 잡는데, 손으로 쇠뿔을 잡고, 어깨에 소를 기대게 하고, 발로 소를 밟고, 무릎을 세워 소를 누르면, 〈칼질하는 소리가 처음에는〉 획획하고 울리며, 칼을 움직여 나가면 쐐쐐 소리가 나는데 모두 음률에 맞지 않음이 없었다. 상림(桑林)의 무악(舞樂)에 부합되었으며, 경수(經首)의 박자에 꼭 맞았다. 문혜군이 말했다. "아! 훌륭하구나. 기술이 어찌 이런 경지에 이를 수 있는가?" 포정이 칼을 내려놓고 대답했다. "제가 좋아하는 것은 道인데, 이것은 기술에서 더 나아간 것입니다. 처음 제가 소를 잡을 때에는 눈에 비치는 것이 온전한 소의 겉모습만 보였습니다. 그런데 3년이 지난 뒤에는 온전한 소는 보이지 않게 되었습니다. 지금은 제가 신(神)을 통해 소를 대하고, 눈으로 보지 않습니다. 감각기관의 지각 능력이 활동을 멈추었습니다. 대신 신묘한 작용이 움직이면 자연의 결을 따라 커다란 틈새를 치며, 커다란 공간에서 칼을 움직이되 본시 그러한 바를 따를 뿐인지라, 경락(經絡)과 긍경(肯綮)이〈칼의 움직임을〉조금도 방해하지 않는데 하물며 큰 뼈가 무슨 장애가 되겠습니까!")

다반향초茶半香初와
수류화개水流花開

묘용이란?

어느 날 일본 다도 전문가인 한 회원이 스님께 묘용에 대해서 물었다. 그러자 스님은 다완을 가리키면서 이것 자체는 체體이고, 그것의 쓰임새가 용用이다. 이 그릇에 좋은 음식을 담을 수도 있고, 아니면 허드레의 것으로 쓸 수도 있다. 쓰임새를 잘 쓰는 것이 선용善用 또는 묘용妙用이라 한다. 옛말에 다음과 같은 말이 있다고 하시면서 다음과 같은 글귀를 적으셨다.

    苟求壯士徒無力   억지로 구하려 하면 힘이 닿지 않고
    善用愚夫亦有名   잘쓰면 어리석은 지아비도 유명해진다

스님의 말씀은 계속되었다. 이것은 돈에 관한 시인데, 여기서 말하는 잘쓴다는 뜻의「선용善用」이 묘용과 같은 말이다. 돈도 쓰기 나름이다. 잘 쓰면 어리석은 지아비라 할지라도 이름을 얻을 수 있다는 것이다. 이처럼「체」를 잘 쓸 필요가 있다고 알기 쉽게 설명하셨다.

이 시는 우리에게 박문수朴文秀(1691-1756)가 쓴 시로 알려져 있다. 그 전문을 소개하면 다음과 같다.

周遊天下盡歡迎	이 세상 어느 곳을 가도 환영을 받고,
興國興家勢不輕	국가나 개인이 많으면 세력을 가벼이 보지 않으며,
去復還來來復去	갔다간 돌아오고 돌아갔다간 다시 오고,
生能使死死能生	산 자 능히 죽일 수 있고 죽은 자 살릴 수 있으며,
苟求壯士徒無力	힘센 장사라도 그 앞에는 무릎을 꿇고,
善用愚夫亦有名	바보라도 잘만 쓰면 세상에 이름을 날리며,
富恐失之貧願得	부자는 잃을까 두렵고 가난한 자는 얻기를 원하고,
幾人白髮此中成	그런 가운데 몇 사람이나 늙었던가

이 시의 주인공은 돈이다. 그것이 많으면 어느 누구도 가볍게 보지 않고, 그것으로 할 수 없는 것이 없는데, 이를 잘 쓰면 유명해질 수도 있다. 그러므로 누구든 그것을 가지고 싶어한다는 내용이다. 스님은 이 시에서 돈을 잘 사용하는 부분을 골라 우리에게 소개하여 묘용을 설명하신 것이었다.

다반향초

이 말을 듣고 있던 또 다른 회원이 추사秋史 김정희金正喜(1786-1856)가 쓴 「다반향초」의 시를 언급하면서 묘용에 대해 언급했다. 그 시는 추사가 초의草衣(1786-1866) 선사가 보낸 차를 선물로 받고 고마운 마음을 전한 것인데 원문은 다음과 같이 되어있다.

정좌처다반향초 靜坐處茶半香初
묘용시수류화개 妙用時水流花開

위의 문장은 아무리 보아도 추사의 독창적인 시인 것 같다. 일설에는 중국으로부터 수입된 것이라는 주장은 있으나, 확증된 것은 아니다. 중국 수입설의 근거로 다음과 같은 송나라 시인 황산곡黃山谷의 시가 자주 인용된다.

萬里靑天	구만리 푸른 하늘
雲起來雨	구름 일고 비 내리네
空山無人	사람 없는 빈 산
水流花開	물 흐르고 꽃이 피네

여기서 보듯이 이 시의 마지막 구절에 「수류화개」란 표현이 나오기는 하나, 「정좌처다반향초靜坐處茶半香初 묘용시수류화개妙用時水流花開」라고 표현한 추사의 독창성을 크게 해치지 않는다. 그러므로 황산곡의 시가 위에서

언급한 추사의 시의 기원이 될 수 없다.

　한편 추사의 시중 첫 구인「다반향초茶半香初」의 해석에 대해 지금까지 의견이 분분하다. 이를 크게 정리하면 대략 두 가지로 나뉜다. 하나는 차와 향을 하나로 보고 향을 차향으로 보는 관점이다. 그 대표적인 예로 효당 최범술(1904~1979)의 해석이다. 그는 이 부분을「차를 반쯤 마셨는데 향기는 처음 그대로일세」라고 했다. 이러한 해석에「차를 반쯤 따르니 향기가 피기 시작한다」,「차는 반이 되고 향기는 여전하다」,「차가 절반이나 줄어도 향기는 여전하다」,「차맛이 절정이지만 향은 처음과 같다」는 등의 해석들이 있다. 미술사가 유홍준도 이 부분을「차가 한창 익어 향기가 나오기 시작하는 것과 같고」라고 해석한 것을 보면 차와 향을 같은 것에서 나오는 것으로 보는 관점이라 할 것이다.

　또 다른 하나는 차와 향을 분리해서 보는 해석이다. 이러한 관점에서 나온 것이「차를 반이나 마시도록 타는 향은 처음과 같다」,「차를 반쯤 마신 후 향을 피운다」는 식의 해석이다. 그 중에서 가장 대표적인 것이 한문학자 정민의 해석이다. 그는 뒷구절이「'물은 흘러가고 꽃은 피어난다.'고 했으니, 차와 향도 구분해 읽는 것이 옳다. 허균許筠이 '누실명陋室銘'에서 "차를 반쯤 따라놓고, 향 한 심지 살라보네酌茶半甌, 燒香一炷"라 한 바로 그 뜻이다. 이덕무도 "맑은 창 정갈한 책상에서, 향 사르고 차 달이네明窓淨几, 焚香茗"라고 했다. 차와 향이 한 세트로 묶여야지, 차와 차의 향을 말한 것이 아니다.」고 했다. 그리하여 그는「다반향초」를「차 마시다 향 사르고」라고 해석했다. 즉, 차와 향을 각각 분리하여 보았던 것이다.

성파의 다반향초론

스님은 이 문장을 불교적인 관점에서 풀었다. 스님은 먼저 해석하기 앞서 「선禪에서 선지禪旨(=지혜)가 열려야 선의 맛을 알고, 교학을 할 때는 경안經眼이 열려야 경을 볼 줄 아는 것이다」라고 하시면서 한시도 그러한 면에서 보아야 한다고 하시면서, 이 두 구를 분리해서 생각하면 안된다고 강조하셨다. 스님의 해석은 이어서 다음과 같이 이루어졌다. 전체적으로 보아 「정좌처」는 움직이지 않는 정靜이고, 「묘용시」는 움직이는 동動이다. 그러므로 이 두 구는 서로 대칭을 이루고 있다.

「정좌처」는 움직이지 않으므로 산山이다. 그에 비해 「묘용시」는 움직이므로 구름雲이다. 산은 바람이 아무리 불어도 꿈쩍도 하지 않으나, 구름은 바람이 불면 움직인다. 「정좌처」는 참선하는 장소이다. 참선은 마음의 근본을 찾는 일이다. 그러므로 「정좌처」는 근본이며, 불교에서 말하면 체體에 해당한다. 그에 비해 「묘용시」는 용用이다. 그러므로 「정좌처」의 뒤에는 변함이 없는 것을 강조하는 내용이 나와야 하고, 「묘용시」의 뒤에는 움직이는 것들이 나와야 한다. 즉, 「다반향초」는 움직이지 않는 「정좌처」를 설명한 것이고, 「수류화개」는 움직이는 「묘용시」를 설명한 것이다.

그러한 관점에서 「다반향초」를 보자. 차는 물物이고 양量이다. 그러므로 그것을 많게 또는 적게 담을 수 있고, 또 마시면 줄어들어 한잔에서 반잔이 될 수도 있다. 그러므로 결코 그것이 본체가 될 수 없다. 그에 비해 그것이 가지고 있는 향은 처음이나 나중이나 변함이 없다. 그러므로 차의 향은 불변하는 진리를 의미한다고 보아야 한다. 그러므로 다음과 같이 해석되어야 한다고 하셨다.

  靜坐處茶半香初 조용히 앉은 곳 차를 반쯤 마셔도 향은 처음 그대로이고
  妙用時水流花開 묘용할 때 물은 흐르고 꽃이 피네.

 이렇게 설명하시고는「정좌처」는 문수보살慧을,「묘용시」는 보현보살行에 비유하셨다. 그리고는 세속에는 왕도가 있다면 불교에는 불도가 있다. 왕은 문무를 모두 겸비하여야 하듯이 부처는 문수(혜/정좌처)와 보현(행/묘용시)을 겸비하여야 한다. 이때 부처님은 체體이고, 문수와 보현은 용用이다. 부처님이 이 두 보살을 양팔처럼 사용하여 중생을 구제하였듯이 이 두 개를 하나로 묶어 원만하게 사용하면 세상에서 모든 것이 성취되지 않을 것이 없다고 강조하셨다.

 오늘의 스님 법문은「다반향초茶半香初」와「수류화개水流花開」가 지혜의 상징 문수보살과 실천의 상징 보현보살로 태어나게 한 것에 의미가 있었다.

진정한 다인의 자세

차를 권하는 의미

오늘 강의의 주된 내용은 통도사 승려 용악혜견 스님이 남긴 다시를 감상하는 것이었다. 강의 중에 사다라니四陀羅尼에 대한 이야기가 나왔다. 사다라니는 주로 배고픈 귀신들에게 이익을 주는 의식 때 사용하므로 수륙재나 우란분재 때에는 빠짐없이 등장하는 의식이다.

그 내용은 먼저 아귀들이 음식을 먹을 수 있도록 변식진언變食眞言을 하고 난 후, 감로수를 베푸는 감로수 진언施甘露水眞言을 한다. 그리고 일자수륜진언一字水輪觀眞言을 하고 유해진언乳海眞言을 한다.

여기서「일자수륜관진언」이란 의식단에 준비된 물이 담긴 대야에 '옴' 자를 쓴 종이를 불살라 재를 대야 물에 떨어뜨리고 막대로 휘저은 후, 생겨난 물바퀴 수륜水輪을 관하면서 진언을 하는 것이다. 유해신언은 먹는 음식이 소화가 잘되어 젖처럼 되게 하는 진언이다. 그러나 이를 굳이 우유바다乳海라 표현한 것은 단순이 젖처럼 되게 하는 것이 아니라 고해에서 벗어난 진리의 바다를 상징적으로 표현한 것으로 보아도 무관할 듯하다.

그런데 이러한 의식의 기저에는 고통의 바다에서 허덕이는 중생들을 구하고자 하는 자비심이 깔려 있다. 그리고 변식진언을 제외하고 3개의 다라니에는 또 하나의 공통점이 있는데, 그것은 다름 아닌 감로수와 수륜, 그리고 우유바다라는 표현에서 보듯이 모두 그것들이 액체라는 사실이다.

이를 과감하게 차와 연관시켜 회원들에게 다음과 같이 권했다. 한 잔의 차와 물을 권한다는 것은 고통의 바다에서 괴로워하는 사람들을 구제하려는 마음의 자세가 중요하다고 강조했다. 이것이 이루어질 때 부처님의 가르침을 통해 고해에서 벗어나는 것과 마찬가지이며, 이때의 차는 부처님의 가르침이자 감로수라고 힘주어 말했다.

스님의 말씀

강의를 마치고, 우리 모두 점심을 준비하여 스님과 함께 식사를 했다. 식사를 마치고 다담시간이 되었을 때 스님은 갑자기 회원들을 향해 "오늘은 무엇을 배웠습니까?" 하고 물었다. 그러자 회원들은 이구동성으로 앞의 내용을 스님께 일러바쳤다. 이 말을 들으시더니 그것에 백번 동감하신다며 절 집안에 다음과 같은 시가 있다 하시며 글을 적으셨다.

    觀音菩薩大醫王　　관음보살은 대의왕이시니
    甘露甁中法水香　　감로병 안의 법수는 향기롭네
    灑濯魔雲生瑞氣　　마운을 씻어내니 서기가 생겨나네
    消除熱惱獲淸凉　　뜨거운 번뇌를 걷어내니 청량함을 얻도다.

이렇게 적으시고는 "이 글은 『석문의범釋門儀範』의 「축원편」에 나오는 구절인데 경봉 큰스님도 자주 쓰신 것이다. 그 뜻은 관세음보살은 크나큰 의사의 왕이신데, 그 분이 들고 있는 감로병 안에는 향기로운 법수가 들어있다. 그 법수는 좋지 못한 마귀의 구름을 씻어내어 상서로운 기운이 나게 할뿐만 아니라, 뜨겁고 괴로운 번뇌를 모두 지우고 제거해버리니 청량함을 얻는다는 것이다." 이렇게 말씀하시더니 "감로수 안에 들어있는 법수는 차이자 부처님의 가르침이다. 그러니 여러분들은 관음보살의 마음으로 감로병에 법수를 담아 마운과 열뇌가 사라지게 하는 차를 권하여야 진정한 다인이다."고 하셨다.

    이를 들은 회원들은 "오늘 스님과 교수님 두 분이 미리 서로 짜고 우리에게 이러시는 것이 아니지요?" 하며 활짝 웃었다.

차의 꽃과 열매

산책길에서 만난 스님

　서운암 토굴 가는 날 나는 하루 산책 코스를 정한다. 점심때가 되면 서운암으로 내려가 삼천불전에 들러 부처님께 절을 올리고 공양간에서 점심을 먹는다. 그리고는 걸어서 장경각에 올라가 또 다시 부처님께 절을 올리고 토굴로 내려오는 것이다. 이것이 나의 유일한 운동이자 신앙생활이다. 오늘도 삼천불전 - 공양간 - 장경각에 들러 토굴로 돌아왔다. 그런데 돌아오는 도중 못가에서 산책을 하고 계시는 스님을 만났다. 못가에는 삼지닥나무 한그루와 차나무들이 즐비하게 서있는 차밭이 있다. 추운 겨울날임에도 불구하고 삼지닥나무는 꽃이 활짝 핀 채 말라 있었고, 차나무 또한 어지럽게 시든 꽃을 달고 있었다.

차나무의 특성

스님은 나를 차나무가 있는 곳으로 안내하셨다. 그리고는 꽃에 가려진 차 씨앗을 보여주면서 차나무의 특성에 대해 설명해주셨다. 이를 간략히 요약하면 다음과 같다.

차나무는 국화보다 늦게 꽃이 핀다. 9월부터 시작하여 11월에 걸쳐 꽃이 핀다. 심지어 찬서리가 내리는 12월에도 피는 경우가 있다. 꽃이 핀 자리에 열매가 생기는데, 대개 꽃 뒤에 숨어서 월동을 한다. 그리고 따뜻한 봄이 되면 열매가 자라나기 시작하여 가을에 완전히 익어서 차꽃이 필 무렵 땅에 떨어진다. 그러므로 지난해에 생긴 꽃 열매가 새해에 가지에서 피어난 꽃과 만나게 되어있다. 이를 보고 사람들은 차나무를 실화상봉수實花相逢樹 혹은 모자상봉수母子相逢樹라 한다. 또 한 가지 특징은 차나무의 뿌리는 직근直根이기 때문에 땅속으로 곧게 뻗어 한번 뿌리를 내리게 되면 어떤 큰 충격에도 쉽게 흔들리지 않는 튼튼함을 보인다. 이러한 나무의 특징은 옮겨 심으면 쉽게 살 수 없다는 데 있다.

이렇게 설명하시고는 함께 다락방으로 들어와 차를 마시면서 "노교수. 차나무와 관련된 민속은 없소?"라고 물으셨다. 이에 나는 민속학자로서 다음과 같이 한중일 3국의 사례를 들어 설명하였다.

혼례에 사용되는 차

사실 차나무는 동아시아의 혼례민속에서 중요한 역할을 한다. 중국과 일본에서는 혼례의 전 과정에서 차가 빠지지 않을 정도로 중요한 역할을 한다. 그에 비해 우리나라에서는 그 흔적이 민요를 통해 약간 남아 있을 뿐 실제로는 그다지 중요한 위치를 차지하지 못했다. 그러한 가운데 한중일이 공통으로 가지는 민속은 신랑측에서 신부집으로 보내는 차와 신부가 시집갈 때 가져가는 차이다.

먼저 신랑집에서 신부집으로 보내는 차이다. 우리나라에도 많은 사람들이 신랑측에서 보내는 납채에 차씨가 들어가 있었다고 하나 실제의 사례는 좀처럼 발견되지 않는다. 그에 비해 중국과 일본에서는 그러한 사례가 많이 보인다.

중국에서는 약혼의 징표로 신랑집에서 신부집으로 예물을 보낸다. 이를 하차下茶·과차過茶라 하고, 여자집에서 받는 것을 수차受茶라 한다. 여자측이 이것을 받으면 여자는 약혼상태에 들어간다. 그러므로 약혼을 「차를 먹다」는 뜻으로 「흘차吃茶」라 한다. 만일 신부집에서 약혼을 파기할 때는 신랑측으로부터 받은 예물을 돌려주는 것을 퇴차退茶라 했다. 이처럼 중국에서 차는 혼례를 상징하는 물건이었다.

　이것은 일본도 마찬가지이다. 약혼 자체를 「차를 마신다」, 「차를 한다」, 「차를 탄다」, 「약속의 차固め茶」, 「정차釘茶」라고 한다. 그리고 약혼을 하게 되면 신랑측에서 신부집으로 예물을 보내는 데 이를 「차」라고 했다. 이를 받으면 신부집은 「차피로茶披露」라 하여 이웃, 친지들에게 예물을 보였다. 약혼기간 동안 신랑이 술, 생선 등을 가지고 신부집에 인사를 가는 것을 「차사위 들인다茶婿入り」고 했다. 특히 규슈九州 북부지역에서는 혼인날짜가 정해지고 신랑측에서 신부집으로 보내는 납폐를 보낼 때 그 속에는 반드시 차가 들어가 있었다. 그리고 납폐를 「차축의茶祝儀」, 「차스마시茶すまし」, 「축하차祝いの茶」라고 하는 곳도 있다.

　둘째는 시집갈 때 가져가는 차씨이다. 이 경우는 일본에서는 좀처럼 찾기가 힘들지만, 중국과 한국에는 있다. 중국 운남성雲南省 서쌍판납西雙版納의 포랑족布朗族은 결혼 당일 신랑이 신부를 맞이하러 갈 때 신부의 부모로부터 혼수품과 함께 차나무를 반드시 받는다고 한다. 그리고 호남성「무사산無射山」지역과 복건성福建省 안계현安溪縣에서도 딸들이 시집갈 때 차나무 혹은 차씨앗을 가지고 가게 했다고 한다.

　우리나라에서는 그러한 사례가 기록에는 없고, 민요에 남아있는데, 그 대표적인 예가 통도사 자장암 인근에서 채집된 민요이다.

　　영축산록 자장골에
　　자장율사 따라왔던
　　자장암의 금개구리

차씨한알 토해주소

우리딸년 시집갈때

봉채집에 넣어주어

떡판같은 아들낳게

비나이다 비나이다

그문중에 꽃이되고

이가정에 복을주소

점제하려 비옵니다.

이 민요는 1957년 4월 김기원에 의해 채록된 것이다. 「우리딸년 시집갈 때 봉채집에 넣어주어」라는 대목에서 보듯이 우리에게도 딸이 시집갈 때 친정부모가 차 씨앗을 넣어주는 사례가 있었을 가능성이 있다. 이러한 관점에서 본다면 통도사의 차민요는 우리의 혼례민속에서 대단히 중요한 의미를 지니는 자료라는 점을 강조하여 말씀을 드렸다.

혼례민속에서의 차의 상징성

스님과 나는 차나무 하나를 가지고 화제의 꽃을 뜨겁게 피우고 있었다. 이 때 한 회원이 "왜 하필이면 동아시아인들이 혼례에 차나무를 이용했을까요?"라고 물었다.

그러자 스님은 나무는 꽃에서 열매를 맺고, 그 열매가 씨앗이 되므로 꽃은 열매를 볼 수 없고 열매는 꽃을 보지 못하는 것이 보통이지만, 차나무는 그것과 달리 열매와 꽃이 서로 만나는 독특한 성격을 가지고 있기 때문에 자자손손 대를 이어가라는 상징성을 지니고 있다고 하셨다. 그리고 차나무의 직근성으로 옮겨 심으면 살기 힘들다는 인식으로 인해 결혼하는 여인에게 「일부종사一夫從事」하라는 의미가 있다는 것도 빼놓지 않고 설명하셨다.

이를 들은 회원들은 스님의 해석에 이의를 제기하지 않았다. 그리고는 그것과는 놀라운 해석들을 내놓았다. 이를 정리하면 다음과 같다.

첫째, 차나무는 열매를 많이 맺기 때문에 자손이 번영하라는 의미가 있다는 것이다. 둘째는 씨앗을 따로 심어도 한 나무로 합해져 나오므로 신랑과 신부가 천생연분임을 상징한다. 셋째는, 차나무는 상록수이어서 잎이 말라 떨어지는 일이 없기 때문에 장수하는 나무라고 인식하여 결혼하는 신혼부부가 건강하고 백년해로하라는 의미가 있다. 넷째는 차나무는 큰 나무가 있는 그늘이나 척박한 땅이라 할지라도 일단 뿌리를 내리면 잘 자라는 특성이 있어서 결혼하는 부부가 어떠한 역경이 닥치더라도 굴하지 말고 씩씩하게 헤쳐 나가길 바라는 마음이 반영되어 있다는 것이다.

나는 여기에다 일본에서는 두 가지 의미가 더 있다고 소개했다. 하나는 차는 물이 잘 들기 때문에 결혼한 여성이 빨리 시댁에 적응하라는 의미가 있고, 또 다른 하나는 새싹을 여러 번 따도 또 다시 새싹이 나는 특성 때문에 차나무를 「오메데타이お芽出たい」라고 한다는 것이다. 즉, 이 말의 원래 뜻은 새싹이 돋아난다는 뜻이나, 「경사스럽고」「축하한다」는 말로 사용된다. 이처럼 차는 상서로움을 상징하는 것이었다. 이러한 상징성으로 인해 동아시아의 혼례에서 차 또는 차나무가 이용되고 있다고 의견을 모았다.

이때 한 회원이 최근 여연스님은 차의 꽃잎이 5장으로 되어있는 것을 두고 5미인 고苦, 감甘, 산酸, 삽澁, 함鹹에 비유하면서, 너무 인색하지 말고鹹, 너무 티酸내지도 말며, 복잡澁하게도, 너무 쉽고 편甘하게도, 어렵게苦도 살지 말라는 깊은 뜻을 담고 있는 것으로 해석한다고 소개했다. 그야말로 차가 가지고 있는 상징적인 의미는 무궁무진하다. 이러한 대화가 오고가는 동안 토굴에 있는 차나무는 추운 겨울을 나고 있었고, 해도 기울어 집으로 돌아갈 때가 되었다. 스님은 이때가 되면 어김없이 "밥하러 안갑니까?" 하고 다락방을 나섰다. 이것으로 오늘의 지대방 이야기는 끝을 맺었다.

성파의 이차대주론以茶代酒論

스님의 악취미

　스님께서는 본인은 마시지 않으시면서 남에게 술을 권하여 취한 모습을 지켜보며 즐기시는 악취미 하나가 있다. 오늘 서울에 사는 신자 한 분이 스님에게 고급 와인 1병을 선물하고 돌아갔다. 스님은 그것을 놓고 남자 회원 몇 분을 초대했다. 이들은 스님과는 그 이전부터 알고 지내는 얼굴들이며, 오랜만에 만나 반가운 일이기는 하나 종정 스님이라는 큰 스님이기에 긴장되는 분위기가 감돌았다.
　이를 녹이려는 듯 와인의 뚜껑을 따고서 각자 잔에다 조금씩 와인을 따랐다. 스님은 건배만 하실 뿐 드시지는 않았다. 각자 한 모금씩 마셨어도 긴장된 분위기는 좀처럼 사그라지지 않았다.

스님의 농담

이때 스님이 분위기를 바꾸려는 듯 "술은 사람을 부르는데, 옛말에 「이웃집에 술이 있으면 손자 안고 찾아온다 隣家有酒 抱孫來」라는 말처럼 술은 사람을 부르는 요리 중 최고의 물건이다."고 하셨다. 이 말을 듣고 웃음이 터지자 한 회원이 "정말 그렇네요. 술을 찾아온 것은 본인의 의지가 아니라 손자의 채근 때문에 억지로 찾아왔다고 변명할 수 있겠네요."라고 응수했다.

그리고는 다시 와인을 따라 다시 한 번 건배했다. 그러자 분위기도 한결 부드러워졌다. 그러자 이번에는 스님이 「요두출수 搖頭出手」라는 글씨를 쓰시더니, 이 말은 "술을 권하면 머리는 흔들며 거절하면서도 자신도 모르게 손은 이미 술잔을 받기 위해 나간다는 뜻이다."라고 풀이하셨다. 술꾼은 이러한 사람을 두고 말한다고 농을 건넸다. 이 말을 듣고 긴장했던 얼굴에서 웃음이 터져 나왔다. 그러자 또 한명의 회원이 이에 응수하여 "스님 그와 유사한 표현으로 술은 사양하면서도 눈은 잔을 쏘아본다는 「양주목사 讓酒目射」라는 말이 있습니다."고 하자, 모두 한바탕 웃음이 터지고 말았다.

그러자 스님은 "적어도 「정녕 취할지언정 술잔을 멈추지 않겠다 寧醉不休盃」는 마음으로 「요두출수」하지 말고 「양주목사」가 되어보라고 하시면서 사람들에게 와인을 직접 잔에 따라 주셨다.

술과 친구

분위기가 무르익자 스님은 자신의 주도론을 펴시기 시작했다. "술이 결코 나쁜 것이 아니다. 최고의 음식이다."고 하시더니 중국 명나라 때 문헌 『증광현문增廣賢文』에 다음과 같은 시가 있다 하시면서 그 시를 노트에 적으셨다.

酒逢知己飮	술은 자신을 알아주는 자를 만나 마실 것이요
詩向會人吟	시는 알아주는 사람을 향하여 읊을 것이니라
相識滿天下	서로 알고 지내는 자가 천하에 가득하다 해도
知心能幾人	마음까지 알아주는 자가 그 몇이나 되겠는가?

술을 마심에 있어 진정으로 자신을 알아주는 사람과 마실 때가 가장 행복하다고 강조하셨다. 이러한 사람을 만났을 때 표현하는 구절이 『명심보감明心寶鑑』에 있다고 하시면서 다시 붓을 들어 노트에 다음과 같은 글귀를 적으셨다.

酒逢知己千鍾少	술은 자기를 알아주는 이를 만나면 천 잔이 오히려 적고
語不投機一句多	말은 이치에 맞지 아니하면 한 마디도 많으니라.

자신을 진정으로 알아주는 사람은 결코 많지 않을 것이다. 만일 그러한 사람이 있다면 그 사람이야말로 행복한 사람일 것이라고 말씀하셨다.

도인과 술

그러시면서 불가에 진묵스님이라는 곡차를 좋아하시는 스님이 계셨다. 이 분은 술이라면 드시지 않았고, 반드시 곡차라 해야 드셨다. 그리고 술을 곡차라고 불리는 이유에 대해 "속인들은 취하기 위해 마시니 술이나, 나는 그것을 마시면 피로가 풀리고 기분이 상쾌해지니 곡차이다."라고 정의를 내리신 분도 진묵스님이다. 그 뿐만 아니라 바닷가 바위에 붙어있는 굴을 따먹으며 "이것은 굴이 아니라 바위에 피어난 꽃石花이다."라 하여 굴을 석화로 표현하신 분이기도 하다. 이러한 대사가 어느 날 크게 취하고 다음과 같은 시를 남겼다고 하셨다.

天衾地席山爲枕　　하늘은 이불, 땅은 자리, 산은 베개로 삼고
月燭雲屛海作樽　　달은 등불, 구름은 병풍, 바다는 술잔 삼아
大醉居然仍起舞　　흠뻑 취해 벌떡 일어나 춤추는데
却嫌長袖掛崑崙　　긴 소매 곤륜산에 걸릴까 봐 흠칫했네

이 시에서 한 몸에 온 우주를 이고 살아가신 진묵대사의 모습을 읽을 수가 있다. 그것에는 진묵대사를 얽어매는 사소한 계율은 어디에도 보이지 않는다. 오로지 어디에도 걸리지 않는 자연과 한 몸이 된 자유인의 모습만 보일 뿐이다. 스님은 "이 정도의 마음으로 술을 마셔야 도인이라 할 수 있지 않겠는가?" 하시자 포도주 맛에 취해있던 회원들이 흠칫했다.

술에 대한 경계

이때 스님은 고삐를 늦추지 않았다. "술이 아무리 좋은 음식이라 하더라도 경계할 부분이 있다. 중국 남송 때 성리학을 집대성한 주자가 자손들에게 경계하는 「주자계자손시朱子戒子孫詩」라는 시를 남겼는데, 그 내용이 다음과 같다고 하시면서 붓을 들어 노트에 적으셨다.

戒汝休貪酒與花	너희들에게 술과 꽃을 탐하지 말 것을 경계하노라
才貪花酒便亡家	겨우 술과 꽃을 탐하게 되면 문득 집안이 망한다.
只因酒醉花心動	다만 술이 취함으로 인해 화심이 동하고
自是花迷酒性斜	이로부터 꽃이 미혹하고 술 성품이 비킨다.
酒後看花情不厭	술 마신 뒤 꽃을 보면 정취가 싫지 않고,
花前酌酒興無涯	꽃 앞에서 술을 따르니 흥이 끝이 없네.
酒盡花謝黃金乏	술이 다하고 꽃이 거절하고 황금이 떨어지면
花不留人酒不賖	꽃은 사람을 머물게 하지 아니하고, 술은 꾸어주지도 않는다.

이 시의 내용은 술과 여자를 경계하라는 데 초점이 가 있다. 여기서 꽃은 술집 여자를 말한다. 스님은 "주자가 술은 취하면 여자를 탐하는 마음을 생기게 하고, 여자는 남자를 유혹하고 취하면 취할수록 많이 마시게 만드는 것이 술이다. 술이 떨어지면 여자는 남자를 거절하고, 돈이 떨어지면 냉정하게 남자를 뿌리칠 뿐만 아니라 술 또한 외상으로 주지 않는다며, 주자는 술과

어자는 경계의 대상이라고 자손들에게 가르쳤다. 그러므로 술을 마시는 데 있어서 경계할 부분이 있다."고 강조하셨다. 이 말을 들은 우리들은 2차 사리에서는 술을 버리고 차茶를 선택했다. 스님은 자연스럽게 술자리에서 찻자리로 바꾸는 데도 유감없이 실력을 발휘하셨다. 차로써 술을 대신하는 성파의 이차대주론以茶代酒論이 실천된 것이다.

마음의 표현

마음의 꽃

스님의 마음 양식

홧병은 마음의 병이다

고려청자의 색깔이 주는 의미

2

마음예술

마음의 표현

열길 물속은 알아도 한 길 사람 속은 모른다

요즘 세상인심이 사납다고 누군가가 말했다. 「정승 집 개 죽은 데는 문상을 가도 정승 죽은 데는 가지 않는다」는 속담은 예나 지금이나 변함없이 유효하다고 말을 했다. 그러자 어떤 이가 "내가 아는 모지역의 군수로부터 들은 이야기 인데, 군수직을 물러나기 하루 전까지만 하더라도 점심과 저녁 약속이 꽉 짜여 있었지만, 막상 그 직을 물러나고 나니, 그 날부터 밥 같이 먹자는 전화 한통조차 없더라는 이야기를 들은 적이 있다고 실감나게 각박한 세상인심을 묘사했다.

이런 말이 오고가는 것을 가만히 듣고 계시던 스님이 『명심보감』의 「성심편」에 다음과 같은 말이 있다고 글을 노트에 적으셨다.

水底魚天邊鴈　　물 속 깊이 있는 고기와 하늘 높이 날아다니는 기러기는
高可射兮低可釣　　활로 쏘고 낚을 수 있지만,
惟有人心咫尺間　　오직 사람의 마음은 지척 간에 있지만
咫尺人心不可料　　지척의 사람 마음은 헤아릴 수 없다.

이상의 표현은 깊은 물 속 고기와 하늘을 나는 기러기는 활과 낚시로 잡을 수 있으나 사람의 마음은 가장 가까운 사람조차도 알 수 없다는 내용이다. 다시 말해 우리의 속담에 「열 길 물속은 알아도 한 길 사람 속은 모른다」는 것과 같다. 이때 한 회원이 "스님. 불교에서 사람의 마음을 어떻게 설명합니까?" 하고 생뚱맞게 질문을 던졌다.

묘사할 수 없는 것이 사람의 마음

이에 스님은 답하기 앞서 「일체유심조一切唯心造」라는 말처럼 모든 것은 오로지 마음이 지어낸다. 사람을 원망하는 것도 모두 지어내므로 자신의 괴로움도 당연히 마음이 지어내는 것이다. 이러한 번뇌에서 벗어나기 위해서는 다음과 같은 시가 도움이 된다고 하시면서 노트에 적으셨다.

外息諸緣	밖으로는 모든 인연을 끊고
內心無喘	안으로는 마음에 헐떡거림 없어서
心如墻壁	마음이 담장의 벽과 같으니
可以入道	가히 도에 들 수 있느니라.

이 말은 달마대사가 제자인 혜가慧可(487-593)에게 한 말이다. "밖으로는 번뇌를 일으키는 모든 인연들을 끊고, 안으로는 부단한 욕심으로 헐떡거리지 않고, 마음이 철석같이 흔들림이 없다면 도에 이른다는 말이다. 만약 모든 법이 마음에서 생긴 것임을 알면 집착하면 안된다."고 하시면서 그렇게 얻어진 도를 달마대사는 이렇게 설명했다고 하시면서 다시 붓을 들어 다음과 같은 내용을 노트에 적으셨다.

道本圓成	도는 본래 원만하게 이루어진 것이니
不用修證	닦거나 깨달아 얻을 것이 없다
道非聲色	도는 소리나 색깔이 아닌 것이고
微妙難見	미묘하여 볼 수도 없다
如人飮水	마치 사람이 물을 마시듯
冷暖自知	차갑고 따뜻한 것을 절로 아는 것이니
不可向人說也	다른 사람에게 말로써 설명해줄 수 없다

도道는 본래 원만히 이루어진 것이니 수행하여 얻어지는 것이 아니며, 그 모양은 소리로도 색깔로도 표현하기 어려우며, 눈으로도 볼 수 없지만 분명

히 존재한다. 마치 사람이 물을 마시면 차고 더운 것을 스스로 아는 것을 말로 설명하는 것도 어렵거니와 할 수 있는 것이 아니다. 이를 절 집안에서는 다음과 같은 글귀로서 설명한다고 하셨다.

須彌山爲筆	수미산을 붓 삼고
四海水爲墨	사해물 먹을 삼아
天地一丈紙	하늘 땅을 종이로 여겼는데
難寫半句時	반 구절 시도 쓰기 어렵네

이처럼 마음과 도는 글 또는 말로 설명되는 것이 아니라는 것이다. 그리고 8만 4천의 모든 경전이 오직 마음을 밝혔을 뿐인데, 깨달은 마음을 가졌다면 그러한 것들이 무슨 소용이 있겠는가. 그리하여 『채근담菜根談』에 이러한 내용이 있다 하며 글을 쓰셨다.

我有一卷經	나에게 한 권의 경이 있는데
不因紙墨成	그것은 종이나 먹으로 된 게 아니다.
展開無一字	펼쳐보면 글자 하나 없지만
常放大光明	항상 광명을 놓고 있다네

이 말은 서산대사의 운수단가사雲水壇謌詞에도 나와 있는 것을 보면 당시 스님네들도 좋아했던 것 같다. 펼쳐보면 글자 하나 없지만, 항상 빛을 발하고 있는 경전은 보이지 않는 마음에 있다. 그것이 바로 『심경心經』이다. 대승

경전의 핵심인 공사상을 압축적으로 풀어낸 『반야심경般若心經』도 「심경」이라 한 것도 이러한 뜻이다. 이를 다시 한 번 알기 쉽게 풀이한 것이 다음과 같은 포대화상布袋和尙의 게송이라고 하시면서 다시 붓을 들어 다음과 같은 글귀를 적으셨다.

我有一布袋	나에게 한 포대가 있으니
虛空無罣碍	허공도 걸림이 없구나
展開遍十方	열어 펼치면 우주를 다 덮고
入時觀自在	넣어 들이면 관자재이다.

이 노래는 얼핏 보아 포대화상이 항상 들고 다니는 포대자루를 이야기한 것으로 보이나, 실상은 우리의 마음(도)을 표현한 것이다. 마음은 너그러울 때 펼치면 한없이 넓혀져 걸림이 없지만, 그것을 닫아버리면 바늘 하나 들일 곳도 없다. 이것이 마음이라고 하시더니 이번에는 다음과 같은 글귀를 쓰셨다.

畵意看山多別景	화가의 생각으로 산을 보니 좋은 경치가 많고,
禪心渡水盡生魚	선심으로 물을 건너니 모두 살아있는 고기이다.

여기서 「화의畵意」란 화가의 마음이다. 그 마음으로 산을 바라다보면 온통 그려야 할 절경이 너무나 많다는 뜻이다. 그리고 「선심禪心」이란 승려의 마음이다. 그 마음으로 강을 건너면 물속에 온통 살아있는 물고기만 보일

뿐만 아니라 어부에게 잡힌 물고기마저 살려주어야겠다는 마음까지 일어난다는 뜻이다. 화가의 마음으로 살지, 승려의 마음으로 살지 그것은 각자가 결정할 일이라 하시면서 스님의 법문은 이것으로 끝을 맺었다. 오늘 스님은 참으로 우리들에게 「마음」이란 보이지 않는 것을 이해시키기 위해 많은 글들을 노트에 적으셨다. 그리고 멋쩍으셨는지 "내가 한 말은 다른 책에도 다 있다."고 하시면서 다락방 문을 열고 토굴로 내려가셨다.

마음의 꽃

불교에서 꽃이란?

연구회가 끝날 쯤 스님이 다락방으로 들어오셨다. 차 한잔 드신 후 "오늘은 누가 발표했노?"라고 물으셨다. 이에 내가 "J선생이 꽃에 대해 발표를 했습니다."라고 말하자, J선생이 "불교에서는 꽃을 상징적으로 많이 언급하고 있는데, 스님, 그것을 어떻게 받아들이면 되겠습니까?"라고 물었다.

이같이 막연한 질문에 스님은 잠시 망설이시더니, 다음과 같이 말씀을 하시기 시작했다.

불교의 꽃은 마음의 꽃

우리나라에서 다도가 시작되기 전에 먼저 꽃꽂이가 유행했다. 그때 부산에 사는 황수로, 문상임 선생 등이 주도했다. 그들은 나무에 붙이는 「목부작」을 하기 위한 나무 조각을 구하러 자주 통도사에 들리곤 했다. 돌에 붙이는 것을 「석부작」이라 하는데, 어떤 형태를 취하든 꽃꽂이는 잘라서 꼽기 때문에 절화折花라 한다. 그런데 이들의 꽃꽂이는 장식과 감상을 위한 것이다. 그때 스님은 그들에게 "나는 땅에 바로 심는 대지의 꽃꽂이 한다."고 일러준 일이 있다고 하시더니 석가모니 탄생 이야기를 생각하셨다. 이야기는 그대로 이어졌다.

부처님이 태어나셨을 때 하늘에서 꽃비가 내리고, 사방으로 일곱 걸음을 걸은 자리에는 연꽃이 피어났다. 이때의 꽃은 장식의 꽃이 아니다. 『법화경』 「견보탑품」에도 석가모니 부처님이 『법화경』을 설할 때 큰 탑이 땅에서 솟아 올라 허공에 머물고, 이때 탑 주위에는 과거세 부처님과 보살들이 보배와 꽃을 지니고 하늘에서 부처님에게 꽃을 뿌리는 장면이 있다. 여기서 보듯이 하늘에서 꽃비가 내리는 곳은 부처님이 계시는 진리의 공간이라는 의미이다. 사찰의 장식에 연화문이 많이 사용되는 것도 하늘에서 내리는 환희의 꽃비이기도 하지만 불국토를 상징하는 것이다. 또 이러한 말이 있다.

무근수無根樹　　　　뿌리 없는 나무에
화발겁외춘花發劫外春　꽃이 피니 세월 밖의 봄이런가.

여기서 겁이란 사방 80리, 높이 80리 즉, 입방 80리에 겨자씨를 한 알씩 가득 채우고, 또 한 알씩 모두 비우는 것을 1겁이라 한다. 이를 10배하면 십겁十劫이다. 흔히 「식겁食怯먹었다」는 말이 여기서 유래되었다. 즉, 놀라 자빠질 정도로 많다는 의미이다. 이를 다르게 표현하면 인도의 겐지스강의 모래라는 뜻으로 무수히 많은 수를 나타내는 말로 「항하사수恒河沙數」라고도 한다.

불교에서는 「겁」이라는 말을 많이 사용한다. 이 겁은 상상을 초월한 많은 시간이다. 그러므로 「겁 바깥劫外」이라는 말은 세속의 시간과 공간을 벗어난 세계를 말한다. 그러므로 「뿌리 없는 나무」라 할 수 있고, 그곳에서 꽃이 피었다고도 할 수 있다. 「불 속에서 연꽃이 피는 소식火中蓮花消息, 마른 고목에서 꽃이 피다枯木生花」이때의 꽃은 실내를 장식하는 꽃이 아닌 마음의 꽃이라고 하셨다.

마음과 바람

스님의 말씀은 계속 이어졌다. 마음은 보이지 않는다. 진리 또한 마찬가지이다. 그러므로 그것을 비유하여 설명하고자 열심히 늘어놓으면 8만4천 법문이 되고, 그것을 한마디로 줄이면 의상대사의 「법성게」에 「하나 속에 일체가 있고 일체 속에 하나있어 하나가 곧 일체요 일체가 곧 하나니라一中一切多中一 一卽一切多卽一」라고 표현할 수 있다.

이것을 불교의 꽃으로 비유하자면 「세계일화世界一花」이다. 이 말은 당나라 시인 왕유王維(699-759)가 쓴 육조혜능선사비명六祖慧能禪師碑銘」의 「세계일화 조종육엽世界一花 祖宗六葉」에서 유래되었다. 즉, "세계는 하나의 꽃이요, 조사의 종풍은 여섯 꽃잎이라"는 뜻이다. 초조 달마대사로부터 육조혜능에 이르기까지 6종의 선종이 있으나, 결국은 하나라는 것이다.

불교의 꽃은 사물이 아닌 이치로 보아야 한다. 다시 말해 꽃 밖의 꽃, 그림 밖의 그림을 보아야 한다. 보이지 않는 것을 보아야 하기 때문에 「화발겁외춘花發劫外春」이라 한 것이다.

한편 바람 또한 마음과 같다. 바람은 물水과 불火의 상호작용으로 인해 일어나는 데 실체가 없으며 보이지 않는다는 점에서 마음과 같다. 그런데 마음에는 나쁜 마음惡心, 착한 마음善心 등 여러 가지 종류가 있듯이, 바람도 더운 바람, 찬 바람 등 여러 가지가 있다. 조선 초기에 활약한 승려 가운데 함허득통函虛得通(1376-1433)이 계셨다. 이 스님이 남긴 시(오도송) 가운데 다음과 같은 것이 있다.

風和花織地　　봄바람이 불면 꽃이 대지에 수놓고
雲淨月滿天　　구름이 걷히면 달빛이 하늘에 가득하네

이 시를 통해 알 수 있는 중요한 사실은 꽃은 스스로 피지 못한다는 것이나. 그것이 피기 위해서는 따뜻한 바람이 불어야 한다. 그 바람이 불어와 꽃을 피우는 것이다. 마음도 마찬가지이다. 어떤 마음을 어떻게 쓰느냐가 문제이다. 그것을 따뜻한 바람으로 사용하면 주변에 꽃을 피우지만, 차디 찬 바람처럼 사용하면 꽃을 피울 수가 없다. 마음의 평화는 따뜻한 바람처럼 일어나야 찾아온다. 자신부터 평화로워져야 주위에 따뜻한 영향을 준다. 즉, 사람의 마음이 화목한 바람이 되어 불면 꽃이 아닌 꽃이 핀다. 불교의 꽃은 그러한 심리작용으로 피는 것이기에 마음의 꽃 심화心花라고 하는 것이다.

스님의 마음 양식

사찰의 하안거

지금 선방에는 하안거 철이다. 이 시기가 되면 서운암 주변에는 특이한 현상이 벌어진다. 그 첫 번째가 주차장이다. 평시에는 텅 비어있는데, 안거 철만 되면 승용차들이 즐비하게 늘어서 있고, 그 차들은 좀처럼 움직이지도 않는다. 이 점을 의아하게 생각한 나는 스님에게 "요즘 주차장에 차가 많은데, 사람들은 보이지 않습니다."라고 말을 건네자, 스님은 웃으시면서 "아! 그 차들은 안거 수행하러 온 스님들의 차입니다. 안거 동안에는 그 차들은 움직이지 않을 것입니다."라고 대답하셨다.

그러시면서 옛날 스님들은 걸망 하나 걸치고 다녔지만, 요즘 스님들의 걸망은 차가 대신한다. 그 안에 살림살이가 다 들어가 있고, 자기도 하기 때문에 그것이 이동수단이고 집이기도 하다. 그러므로 선방을 가진 암자에는 주차공간이 필요하다고 설명하셨다.

이때 회원 한 명이 "올해 하안거 입제 때 스님이 내리신 법어는 무엇이었습니까?" 하고 묻자, 스님은 "가난하기는 범단范丹과 같으나 그 기개는 항우項羽와 같도다. 육화로 화합하며 화두참구에 힘쓰니 6월 염천이 오히려 서늘하도다. 요요하여 한 물건도 없음을 괴이하게 여기지 말라. 그대의 집 살림살이가 본래 그러하며, 한결같이 공空하여 물物이 없다고 말하지 말라. 묘하게 문수의 지혜경계에 나아가니 삭풍이 매우 차서 서리와 눈이 하늘에 가득하고, 높은 보현의 행문行門을 밟으니 훈풍이 불어와 푸르고 노란 빛이 땅에 가득하도다."이었다 하셨다고 한다.

수행자가 아닌 나로서는 선뜻 이 말씀을 이해하기 어려웠으나, 비록 몸은 후한시대에 청빈하게 살았던 범단과 같으나, 그 기개는 웬만한 일에도 끄떡도 하지 않는 초나라 군주「항우」와 같이 열심히 정진하여 문수의 지혜를 얻어 보현과 같이 실천하라는 당부의 말씀으로 이해했다.

진리의 달

스님은 제대로 이해하지 못하는 우리들을 보고 불안하셨는지 다음과 같은 글귀를 적으셨다.

吾尋吾月有誰禁　　내가 내 달을 찾는데 누가 금하리오.

이렇게 적으시고는 "여기서 달은 진리를 의미하기도 한다. 스님들은 스스로 자신의 진리를 찾고자 나선 사람들인데 누가 그것을 못하게 할 수 있겠느냐?" 하고 반문하셨다. 그러시면서 다음과 같은 한시를 적으셨다.

且夫天地之間에
物各有主하야
苟非吾之所有이면
雖一毫而莫取로되
惟江上之淸風과
與山間之明月은
耳得之而爲聲하고
目遇之而成色이라
取之無禁하고
用之不竭하니
是造物者之無盡藏也요
而吾與者之所共樂이라.

대저 천지 사이
사물에는 각기 주인이 있으니
진실로 나의 소유가 아니면

비록 한 터럭일지라도 가지면 아니되나
오직 강 위의 맑은 바람과
산간의 밝은 달은
귀로 얻으면 소리가 되고
눈으로 만나면 빛을 이루어서
이를 가져도 금할 이 없고 이를 써도 다함이 없도다.
이는 조물주의 다함이 없는 보물이니
나와 그대가 함께 누릴 바로다.

이 시는 소동파의 「적벽부赤壁賦」에 나오는 시이다. 스님이 이 시를 통해 우리에게 말하고자 한 것은 조조曹操(155-220)를 곤궁에 빠뜨린 오나라 장수 주유周瑜(175-210)와 촉한의 제갈량諸葛亮(181-234)의 뛰어난 전략을 말하려는 것이 아니다. 비록 가진 물건은 없다 하나 행복은 강 위의 맑은 바람 소리를 듣고 산 위에 떠있는 밝은 달을 바라보며 즐기는 마음에 있다. 이러한 마음은 그 안에 양식이 가득차야 느낄 수 있다고 하시면서, 이를 다음과 같은 글로도 표현될 수 있다고 하시면서 다시 붓을 들어 적으셨다.

風送泉聲繞枕邊　　바람이 보낸 샘물 소리가 베갯머리를 감싸고
月移花影到窓前　　달이 보낸 꽃 그림자는 창 앞에 다다르네

마음의 양식이 가득 찬 스님들은 이러한 마음으로 풍류를 즐긴다고 한다. 자연과 더불어 사는 수행자들은 마음의 양식이 풍부하다고 한다. 이러한 스

님들은 남이 어떤 물건을 가지고 있다 하더라도 하나도 부러울 것이 없다고 하셨다.

    사실 위의 시는 조조가 패배한 적벽대전이 벌어진 적벽에서 지은 시가 아니다. 이 시는 소동파가 필화사건으로 죄를 얻어 1082년 호북성 황주黃州에 유배되어 있었는데, 그 해 7월과 9월에 황주성 바깥의 적벽에서 놀다가 지은 것이다. 위의 시는 7월에 지은 것으로 「전적벽부」라고 하고, 10월에 지은 것을 「후적벽부」라 한다. 「후적벽부」 또한 명문이다. 이를 소개하면 다음과 같다.

霜露既降	서리와 이슬이 벌써 내리고,
木葉盡脫	나뭇잎은 다 떨어져 있어서,
人影在地	사람의 그림자가 땅에 있기에
仰見明月	우러러 밝은 달을 보았다.
顧而樂之	둘러보고 즐거워하여,
行歌相答	길을 가며 노래 부르며 서로 화답하였는데,
已而歎曰	이윽고 탄식하여 말하길
有客無酒	손님이 있으면 술이 없고,
有酒無肴	술이 있으면 안주가 없구나!
月白風淸	달이 밝고 바람이 맑으니,
如此良夜何	이같이 좋은 밤에 어찌 한단 말인가?

그 중 뒷부분의 「손님이 있으면 술이 없고, 술이 있으면 안주가 없다有客無酒 有酒無肴」는 내용은 스님들에게는 「손님이 있으면 차가 없고, 차가 있으면 다식이 없다有客無茶 有茶無菓」는 말로 들릴 지도 모른다. 그러나 항상 「밝은 달이 있고 맑은 바람」이 있으니, 결코 외롭지 않아 산 속 선방에서 항우의 기개로 수행에 정진할 수 있을 것이라는 생각이 들었다.

홧병은 마음의 병이다

화가 나는 날

    오늘은 모처럼 토굴이 조용한 날이었다. 스님께서도 오늘따라 시간적 여유가 있으신지 오전부터 다락방에 들러 다담을 나누고 계셨다. 이때 회원들이 맛있는 간식거리를 들고 찾아와 즐거운 다담시간을 가질 수 있었다. 이야기는 흔히 오고가는 세상사이었는데, 한 회원이 요즘 뉴스를 보면 홧병이 날 정도로 사회가 미쳐 돌아가고 있는 것 같다고 울분을 토했다.
    그러나 종교적인 사찰에서 세속적인 정치 이야기는 가급적 피하는 것이 좋을 듯하여 내가 나섰다. "홧병은 우리 한국인에게만 있는 독특한 명칭이며 다른 나라에는 좀처럼 찾아볼 수 없는 것."이라고 화제를 돌리며, 우리나라 최초의 홧병 환자는 신라의 지귀志鬼라고 화제를 돌렸다. 지귀 이야기는 『삼국유사三國遺事』의 「심화요탑心火繞塔에 다음과 같이 서술되어있다.

지귀는 신라활리의 역인이다. 선덕여왕의 아름다움을 사모하여 근심하여 우느라고 모습이 초췌하였다. 왕이 절에 가서 향을 사를 때 그 소식을 듣고서 그를 불렀다. 지귀는 절에 가서 탑 아래에서 임금의 행차를 기다리다가 홀연히 잠이 들었다. 왕이 팔찌를 벗어서 지귀의 가슴에 두고 환궁하였다. 나중에야 잠을 깨서 지귀는 번민하고 절망하기를 오래하더니 마음의 불이 일어나 그 탑을 둘러싸더니 곧 화귀로 변했다. 왕은 술사에게 명해 주사를 짓게 하여 말하길 "지귀의 마음 속 불이 몸을 태워 화신으로 변했구나, 푸른 바다에 흘러 갔으니 보지도 않고 친하지도 않으리." 이때, 풍속에 이 말을 문 벽에 붙여서 화재를 막았다.*

이상의 설화에서 보듯이 지귀는 집착하는 마음에서 불이 나 불탑을 태우고 불귀신이 된 인물이다. 이때의 불을 『삼국유사』에서는 「마음속의 불心中火」이라고 했다. 아마 우리나라에서 홧병이란 마음에 불이 나서 생긴 병이 아닐까 하며 의사도 아닌 내가 나름대로 정의를 내렸다.
이때 스님은 그에 해당하는 것에 「한산시寒山詩」가 있다 하시면서 다음과 같은 글귀를 노트에 적으셨다.

* 志鬼, 新羅活里驛人, 慕善德王之美麗, 憂愁涕泣, 形容憔悴. 王幸寺行香, 聞而召之. 志鬼歸寺塔下, 待駕行, 忽然睡酣. 王脫臂環, 置胸還宮. 後乃睡覺, 志鬼悶絶良久, 心火出繞其塔, 卽變爲火鬼. 王命術士作呪詞, 曰, 志鬼心中火, 燒身變火神, 流移滄海外, 不見不相親. 時俗帖此詞於門壁, 以鎭火災.

嗔是心中火	분노는 마음속의 불
消盡功德林	공덕의 숲을 살라버린다네.
欲行菩薩道	보살의 길을 가려고 하거든
忍辱護眞心	인욕하는 생활과 곧은 마음을 지녀야 하네.

이렇게 소개하시더니 여기서도 마음속의 불을 심중화라 한다. 분노에서 일어나는 마음의 불은 한순간에 공덕을 날려 버리니 참고 또 참고해야 한다고 강조하셨다. 그리고 웃으시더니 "요즘 무엇이 마음의 불이 일어나게 합니까?" 하고 묻자, 울산에 사는 한 회원이 "차를 배우러 온 자가 주인행세를 할 때 제일 화가 납니다."라고 대답했다. 그러자 스님은 그것에 해당하는 시도 있다 하며 다음과 같은 게송을 소개하셨다.

不解作客	손님 노릇도 모르면서
勞煩主人	주인을 괴롭히네
面無慚色	얼굴에는 부끄러운 기색도 없으니
少喜多嗔	기쁜 일은 적고 화낼 일만 많도다.

이상의 말은 절에서 자주 사용되는 것인데, 흔히 자신도 못하는 주제에 남의 일에 참견할 때 비유하는 표현이라고 설명하셨다. 화가 머리끝까지 치밀어오르는 일을 두고 울산인들은 곧잘 "속 시끄럽다."라고 한다. 그야말로 절묘한 표현이 아닐 수 없다. 남과 더불어 살다보면 속이 터지는 일이 한두 번 아닐 것이다. 이때 한 회원이 스님에게 "이때 화를 다스리는 법이 없습니

까?" 하고 물었다. 그러자 스님은 웃으시면서 홧병을 다스리는 묘법이 있다고 하시며 다음과 같이 흥미로운 말씀을 하셨다. 먼저 홧병을 이해하기 위해서는 오행, 오방, 오미, 오장을 알아야 한다 하면서 다음과 같이 노트에 적으셨다.

五行: 水火金木土
五方: 北南西東中
五味: 鹹苦辛酸甘
五臟: 腎心肺肝胃

이렇게 적으시고는 홧병은 오장육부 중에서 심장이 탈이 나 생긴 병이다. 심장은 불이고 남쪽에 위치해 있으며, 맛으로 본다면 쓴맛에 해당한다. 대개 물이 끓기 위해서는 밑에 불이 있어야 하는데, 사람인 경우는 반대로 불(심장)이 위에 있고, 물(신장)이 밑에 있다. 그러므로 위에 있는 불에서 탈이 나면 매우 위험한 홧병이 된다. 이를 다스리기 위해서는 아랫배 단전이 나왔다 들어갔다 할 정도로 긴 호흡을 통하여 화기를 빼야 한다. 그때 중요한 것은 생각도 그것에 따라가야 한다. 그렇지 않으면 아무런 효과가 없다. 생각은 마음의 다른 표현이다. 이것이 도망가지 않게 붙들어 매어 호흡을 따라가야 한다. 호흡은 하되 생각을 붙들지 못하면 다음과 같은 상태가 된다.

심부재언心不在焉이면
시이불견視而不見이며

청이불문聽而不聞하며

식이부지기미食而不知其味니라

    이 말은 『대학』의 「정심장正心章」편에 나오는 말인데, 그 뜻을 옮기면 "마음이 있지 않으면 보아도 보이지 않으며, 들어도 들리지 않고, 먹어도 그 맛을 알지 못한다."는 것이다. 이같이 설명하시더니 스님은 또 다시 말을 잇기를 「몸은 있으되, 마음이 없으면 정신이 나간 사람이 된다. 이것을 흔히 등신等神이라 한다. 신의 형상을 하고 있으나 감정이나 생각, 의지, 능력이 없는 우상을 두고 말하는 것이다. 만일 수행자 중에 정신은 도망가고 호흡만 길게 하고 앉아있는 자들이 있다면 그 자들이 곧 등신인 것이다」고 하시면서 회원들에게 밥하러 가라고 하시면서 연구실 문밖을 나가셨다.

고려청자의 색깔이 주는 의미

고려청자의 찻자리

오늘 한 회원이 조촐한 찻자리를 마련했다. 시대배경은 고려시대를 상정하고, 바닥에는 검은 색의 천을 깔고 그 위에 청자 다완에 청자 차통 그리고 고려시대의 정병을 준비했다. 정병을 빼면 온통 청자의 세계이었다.

이를 본 스님은 조선의 백자는 유교를 상징한다면 고려청자의 푸른 빛은 불교를 상징하는 색깔이라 하셨다. 이 말에 선뜻 이해가 가지 않아 "불교의 색깔이 쪽빛이라는 말입니까?" 하고 물었다. 그러자 스님은 차근차근하게 다음과 같이 설명하시는 것이었다.

청자의 푸른 빛

"청자의 푸른 빛은 하늘색이다."라고 하시면서 다음 글귀를 적으셨다.

秋水共長天一色   가을 강물은 드넓은 하늘과 같은 빛이다.

이 말에서 보듯이 가을의 강물과 하늘은 같은 빛이다. 그 뿐만 아니라 하늘은 바닷물과도 같다. 물은 색깔이 없지만, 모여 있으면 푸르게 보인다. 하늘도 색깔이 없지만 어느 정도 거리를 두면 푸르게 보인다. 사람들은 그 색깔을 쪽빛으로 비유한다. 그리하여 「쪽빛 바다」, 「쪽빛 하늘」이라는 표현을 하곤 한다.

그런데 물이 깊고 깊은 곳은 푸르기 보다는 검고 푸르다. 고려의 문인 이색 李穡(1328-1396)도 「하얀 물이 깊어지면 검게 변한다白水深成黑」고 표현한 바가 있다. 이것은 하늘도 마찬가지이다. 높고 높은 곳은 검푸르다. 이를 한자로 표현하면 검을 「현玄」이다. 이 말은 검다는 것 보다 「멀다」, 「아득하다」, 「그윽하다」는 뜻으로 해석이 되나, 색깔로 나타내면 검은 색깔에 가깝다. 즉, 원래 색이 없는 것인데, 거리에 따라 각기 나타내는 색깔이 있다는 것이다. 가장 가까운 것은 무無요, 그것에서 조금 거리를 두면 푸른 색藍色이고, 그것에서 아득하게 멀어지면 검을 헌玄이다. 그것에서 더욱 멀어지면 피안의 세계이다. 피안의 세계는 붉다. 붉은 것은 광명의 세계이다. 그러므로 불화에서 부처님 세계를 나타내는 색깔로서 가장 많이 사용되는 것은 붉은 색이다.

스님의 가사

　유교를 강조했던 조선시대에는 백의를 강조하여 우리 스스로가 백의민족이 되었다. 그러나 불교가 융성했던 고려의 승려들은 염의染衣라는 옷을 입었다. 이것은 물들인 옷이란 뜻이나, 그 색깔은 검은 색에 가깝다. 그러므로 승려의 가사를 검다는 뜻에서 「치의緇衣」라고도 한다.

　이를 감안하여 차안此岸에서 피안彼岸에 이르기까지 색깔을 단계별로 표시한다면 무無 → 청靑/藍 → 현玄 → 홍紅/赤으로 나타낼 수 있을 것 같다. 이러한 관점에서 보았을 때 스님의 옷 색깔은 부처님의 세계로 들어가기 전 단계인 현玄의 색깔이라 할 수 있다. 이것을 넘어서면 진리의 세계인 극락이 있다. 그 색깔이 붉은 홍색이다. 그리하여 스님은 왼쪽 어깨에서 오른쪽 겨드랑이 밑으로 걸려 있는 법의가 붉다. 즉, 치의를 바탕으로 그 위에 걸치는 홍가사紅袈裟인 것이다. 이를 역으로 생각한다면 인간세계에 가까울수록 그 색깔은 푸르다는 것이다.

　이러한 원칙은 기독교에서도 찾을 수 있었다고 하시면서 스님은 일전에 서양미술에 관심을 가지고 유럽에 가서 작품들을 둘러 본 적이 있다고 하셨다. 그때 스님은 기독교의 성화를 보고 깜짝 놀랐다. 불교와 너무나 닮았기 때문이었다. 그 무엇보다 특징적인 사실은 초기 성화의 바탕색이 모두 검은색이었다. 이 시기는 신본주의神本主義 시절이었다. 신의 세계를 나타내는 색깔이 검은색이었다. 그러던 것이 인본주의人本主義가 강조되던 중기와 후기가 되면 성화의 색이 쪽빛藍色으로 변한다는 사실이다. 즉, 인간계에서 가까울수록 파란색 계통인 남색으로 되는 것이다.

이를 역으로 표현한다면 인간계에서 깨달음의 세계인 피안으로 가고자 한다면 제일 먼저 만나는 색깔이 푸른색이다. 이곳을 지나 아득한 현색으로 표현되는 곳을 지나야 비로소 피안의 세계에 이르게 되는 것이다. 남색과 현색으로 표현되는 바다와 하늘은 고해苦海이자 구름이 있는 하늘이다. 이를 사람들은 반야용선을 타고 건너기도 하고, 학을 타고 구름 위를 지나 피안의 세계로 간다.

우리나라 철원에 도피안사渡彼岸寺라는 절이 있다. 피안을 건넌다는 뜻이지만, 고해와 구름의 하늘을 건너 극락(진리)으로 이른다는 의미의 이름이다. 이러한 의미에서 보았을 때 청자의 푸른색은 극락으로 인도하는 색깔이요, 그곳에 그려진 구름과 학은 구름을 넘어 높고 높은 현의 색깔을 지닌 하늘을 지나 극락의 세계로 다다르게 해주는 이동수단이다. 그러므로 청자의 푸른빛은 불교를 상징하는 색깔이며, 그것에 새겨진 구름과 학은 극락으로 가려는 염원이 담긴 불교의 표현이라 할 수 있다고 하셨다.

안국사의 극락전

학이 극락으로 인도해주는 새라는 스님의 설명을 들으니 문득 전북 무주의 안국사安國寺 극락전의 이야기가 떠올랐다. 무주군 적상산에는 고려 때 최영 장군의 건의로 창건했다는 안국사라는 절이 있다. 1613년(광해 5)에 이 절에 사각史閣을 만들고 선원록璿源錄을 봉안했다. 1864년(고종원)에 예문관 부제학이던 난대학사 이면광李冕光이 적상산 사고의 포쇄관으로 임명되어

와보니 절의 건물이 너무 낡아 당시 승장이던 인아대사仁雅大師와 상의하여 조정에 보수 공사를 상소했다.

9월에 공사가 시작하여 다음 해인 1865년에 새 모습으로 단장할 수 있었다. 마침 그때 조정에서는 경복궁 중건 사업을 하고 있었기 때문에 단청공을 구하기가 하늘에 별따기와 같았다. 그리하여 안국사의 신자들과 스님들은 보수 공사 축성식과 백일기도를 했다.

백일기도가 끝나고 얼마 후 안국사 극락전 앞마당에 행색이 남루하고 몸을 지팡이에 의지한 노승이 인아대사를 찾아와 단청을 하지 않은 이유를 물었다. 사정을 들은 노승은 자신이 단청을 맡겠다고 청했다. 인아대사는 노승의 행색에 믿음이 가지 않았지만 달리 방법이 없어 노승에게 단청 채색을 맡게 했다.

인아대사의 허락을 받은 노승은 바로 단청에 쓰일 물건을 구하러 떠났고 며칠 후 돌아왔는데 낡은 홑이불 같은 휘장 백여 장만 가지고 와서 극락전을 둘러쳐서 안이 보이지 않게 해달라고 요청했다. 아울러 석 달 열흘 동안은 누구도 들여다보지 말고 자신이 안에서 무슨 일을 하는지도 발설치 말고 기다리라고 당부했다.

인아대사는 시간이 갈수록 일이 잘 되고 있는지 걱정이 됐지만 기도에 정진하며 의구심을 재웠다. 석 달 아흐레가 되자 궁금증을 도저히 참을 수 없게 된 인아대사는 극락전 앞으로 갔다. 인아대사가 극락전 가까이 가자 휘장 안에서 놀란 새의 날갯짓 소리가 들렸고 물러서자 다시 잠잠해졌다. 더욱 궁금해진 인아대사는 휘장 틈으로 안을 들여다보았고, 이때 하얀 학 한 마리가 극락전 뒤 추녀에서 날아올라 향로봉 너머로 날아갔다. 인아대사는 자신이 인내심이 부족해 일을 그르친 것을 후회했다.

　휘장이 벗겨진 극락전은 석양빛에 웅장하고 아름답게 빛나고 있었고, 극락세계에 온 것 같은 착각에 빠지게 했다. 법당 안의 찬란한 단청도 극락세계에 들어선 것 같은 착각을 일으키게 했는데, 학이 날아오른 극락전의 뒤 추녀 밑에는 단청을 미처 끝내지 못한 부분이 남아 있었다. 인아대사는 자신의 경솔함을 뉘우치며 눈물을 흘렸고, 후세 사람들은 그 노승을 '학대사鶴大師'라고 부르게 되었다.

　이처럼 안적사 극락전의 단청이 미완성인 이유를 채색 작업을 스스로 청한 노승이 100일간 작업 현장을 들여다보지 말라는 금기를 어긴 주지 스님 때문이라고 설명하고 있다. 그런데 중요한 것은 단청장인이 학이었다는 사실을 간과해서는 안된다. 스님의 말씀처럼 학대사가 극락전의 단청을 그렸다는 것은 학이 극락으로 인도하는 새이었기 때문일지도 모른다.

　이러한 점에서 우리나라 장엄염불에도 다음과 같은 구절을 주목할 필요가 있을 것 같다.

青山疊疊彌陀窟　　겹겹으로 푸른 산은 아미타불 법당이고
滄海茫茫寂滅宮　　아득하게 너른 바다 적멸보궁 도량이다
物物拈來無罣碍　　세상만사 어디에도 걸릴 것이 없으니
幾看松亭鶴頭紅　　몇 번이나 솔정자에 홍학머리 붉었던가

　청자의 빛깔이 겹겹이 두른 푸른 산 속에 있는 절은 아미타불 법당이자 적멸보궁일 뿐만 아니라 어디에도 걸림이 없는 해탈공간이다. 그러한 곳에서 학의 붉은 머리를 몇 번이나 보았는가라는 뜻이다.

이 염불의 묘미를 이해하기 위해서는 학의 신체적 특징을 이해할 필요가 있다. 학은 전체가 흰색을 바탕으로 하지만 부분 부분이 검은 색을 띤다. 특히 목 주변은 대개 검다. 그리고 앞머리 정수리 부분이 붉은 것이 특징이다.

이러한 점을 감안한다면 위의 염불은 색깔을 단계적으로 표현하고 있는 특징을 발견할 수 있다. 즉, 겹겹이 두른 푸른 산(靑/綠)에서 시작하여 검은 학의 목(黑)으로 옮긴 후에, 정수리의 붉은 부분(紅/赤)으로 끝을 맺고 있는 것이다. 이 단계는 앞에서 언급한 중생이 극락으로 가기 위해 제일 먼저 푸른 색을 만나, 그곳에서 학을 타고 구름을 헤치고 높고 높은 하늘인 현玄의 공간 너머 붉은 빛이 나는 부처님의 세계(紅)로 이르는 것을 염불로 해석이 가능할 것이다. 학의 머리의 붉은 부분은 극락의 상징이었던 것이다. 이처럼 학은 스님의 말씀처럼 극락으로 가는 새이었다.

그러한 의미에서 스님은 "고려청자 표면에 구름과 학을 새긴 것은 극락세계로 가는 과정을 나타내고자 한 것이며, 그것은 곧 극락세계를 사람들이 사는 일상 속에 두고자 한 불교교리의 산물"이라고 해석하셨다. 이처럼 고려청자가 가지고 있는 색깔과 문양에는 깊은 의미가 담겨져 있다.

스님의 연애론

어느 부부 이야기

여인 치마폭에 시를 쓴 선비와 승려

통도사 연밭에서 핀 사랑 이야기

3

부부애정

스님의 연애론

스님의 파자놀이

스님은 한 번도 결혼한 적도 없으시면서도 남녀 사랑 이야기를 잘도 아신다. 하루는 회원들과 함께 점심공양을 하신 후에 "옛날 선비들은 자신들만의 언어로서 서로 주고받는 일이 많았다." 하시면서 다음과 같은 이야기를 들려주었다.

옛날 한 선비가 친구 집에 놀러갔다. 이야기를 나누다 보니 어느덧 식사시간이 되었다. 이때 부인이 불쑥 나타나더니 "인양복일人良卜一하오리까?" 하자, 이를 들은 남편이 "월월산산月月山山"이라 했다. 이를 듣고 있던 선비가 그들에게 "정구죽천丁口竹天"이라고 내뱉고 말았다.

여기서 「人良卜一」은 「식상食上」의 파자破字로 "식사를 올릴까요."라는 뜻이고, 이를 받은 남편이 "월월출출月月出出"은 「붕출朋出」의 피자이니, 곧 "친구가 나가면"이라는 뜻이다. 이 말을 알아차린 친구가 내뱉은 말이 「정구죽천丁口竹天」은 곧 「가소可笑」의 파자이니 곧 가소롭다는 뜻이다.

이같은 파자놀이는 이두식으로도 이용되었는데, 한 젊은 선비가 한 젊은 여인에게 "춘운春雲"이라 하였더니 그 여인이 "추월秋月"이라고 했다. 여기서 「춘운」은 보고 싶다는 뜻의 「보면」이라는 뜻이고, 추월은 가을 달이 아니라 만나러 「가오리다」는 뜻이라고 하셨다.

이 말을 듣고 내가 "그럼 언제 어디에서 만나자는 표현은 어떻게 하셨습니까?" 스님은 여기에 대해서는 특별한 말은 없으나, 이 경우에는 동작으로 했다고 하시면서 둥근 부채를 찾았다. "언제요?"라고 하면 둥근 부채를 들었다. 이것은 보름날이라는 뜻이고, "어디요?"라고 물으면 부채의 뒷면을 보여주었다. 이는 뒷동산이라는 표시이다. 이렇게 옛 사람들은 의사소통을 했다는 것이다.

이같은 스님의 설명을 듣고 너도나도 서로의 얼굴을 보고 "춘운" "추월"이라고 즐거워하면서, 부채를 들었다 놓았다가 하며 즐거워했다. 마치 과거의 것이 새로운 유행을 만드는 것과 같았다.

이옥봉李玉峰*의 꿈속의 넋夢魂

이렇게 스님 이야기를 들으면서 한참 놀다가 회원들이 옛 사람들의 은밀한 사랑 이야기에 관심을 보이자 스님은 다음과 같은 글귀를 쓰셨다.

若似夢魂幸有跡　　만약 꿈속 내 영혼이 발자취가 있다면
門前石路半成沙　　그대 집 앞 돌길들은 반쯤 모래 되었겠지요.

이 시는 간절한 그리움으로 꿈속에서 헤아릴 수도 없이 임을 만나러 다녀왔다는 것을 「집 앞의 길이 돌이 모래가 되어버린다」고 간결한 표현으로 감정을 드러내고 있다. 이러한 심정으로 사랑을 구가한다면 얻지 못할 것이 없다고 하셨다.

이 시는 조선 선조 때 여류 시인 이옥봉李玉峰**의 「꿈속의 넋夢魂」이라는 시인데, 전문을 소개하면 다음과 같다.

近來安否問如何　　근래 그대 안부 어떠한지 여쭈어봅니다.
月到紗窓妾恨多　　달빛 어린 고운 창가 그리움만 가득합니다.

---

*　　조선 중기의 여류시인이다. 서출(庶出)이었던 그녀는 15세에 본인이 원한 바대로 조원(趙瑗)의 소실이 되었으나 임진왜란이 발발하기 전에 버림을 받았으며, 난리 도중에 35세의 나이로 사망한 것으로 전해진다. 한 권의 시집(詩集)이 있었다고 하나 현재 시 32편만이 전해지고 있다.
**　조선 중기의 여류시인이다. 서출(庶出)이었던 그녀는 15세에 본인이 원한 바대로 조원(趙瑗)의 소실이 되었으나 임진왜란이 발발하기 전에 버림을 받았으며, 난리 도중에 35세의 나이로 사망한 것으로 전해진다. 한 권의 시집(詩集)이 있었다고 하나 현재 시 32편만이 전해지고 있다.

若使夢魂行有跡　　만약 꿈속 내 영혼이 발자취가 있다면
門前石路半成沙　　그대 집 앞 돌길들은 반쯤 모래 되었겠지요.

　이 시를 쓴 이옥봉은 충북 옥천군수를 지낸 이봉李逢의 서녀이다. 그녀는 두 번의 결혼으로 평탄한 인생을 보내지 못했다. 첫 결혼은 일찍 남편이 죽어 실패로 끝났고, 두 번째는 조원趙瑗(1544-1595)의 소실이 되어 사는 것이었다. 그때 조원은 그녀에게 "사대부를 욕보이는 시작詩作을 해서는 안된다."는 다짐을 받았다. 그러나 어느 날 조원 집안의 산지기 아내가 찾아와 하소연했다. 남편이 소도둑의 누명을 쓰고 잡혀갔으니 조원에게 손을 좀 써 달라 했다. 옥봉은 파주목사牧使에게 시 한수를 써 보냈는데 글 마지막에 '이 몸이 직녀가 아닌데 낭군이 어찌 견우리오'라고 하여 소 끄는 견우를 빗대어 죄가 없음을 글에 담았다. 이 재치에 탄복한 파주목사는 산지기를 풀어 주었으나 이 일로 옥봉은 쫓겨나는 신세가 되고 만다. 이로 인해 조원이 입장이 난처해지자 그녀를 내치고 만다. 쫓겨난 그녀는 홀로 뚝섬 근처에서 살고 있었는데, 이때 조원을 그리워하며 쓴 시가 바로 위의 시이다.
　일설에 의하면 조원의 아들 조희일이 명나라에 사신으로 갔다가 그곳 원로대신과 인사를 나누게 되었다. 그때 "조원을 아느냐"는 물음에 자신의 부친이라 대답하니, 그 원로대신이 서가에서 『이옥봉 시집』이라는 책 한 권을 꺼내보였다. 이를 본 조희일은 깜짝 놀랐다. 이옥봉은 아버지 조원의 소실로 생사를 모른 지 40여 년이 되었기 때문이다. 옥봉의 시집이 어떻게 해서 머나먼 명나라 땅에 있게 되었는지 조희일로서는 짐작조차 할 수 없는 일이었다.
　그때 원로대신이 들려준 이야기는 이러했다. 40년 전쯤 중국 동해안에

괴이한 주검이 떠다닌다는 소문이 돌았다. 너무나 흉측한 몰골이라 아무도 건지려 하지 않아 파도에 밀려 이 포구 저 포구로 떠돈다는 것이었다. 사람을 시켜 건져보니 온몸을 종이로 수백 겹 감고 노끈으로 묶은 여자 시체였다. 노끈을 풀고 겹겹이 두른 종이를 벗겨 냈더니 바깥쪽 종이는 백지였으나 안쪽의 종이에는 빽빽이 시가 적혀 있고「해동 조선국 승지 조원의 첩 이옥봉」이라 씌어 있었다. 읽어본즉 하나같이 빼어난 작품들이라 자신이 거둬 책을 만들었다고 했다. 이것이 계기가 되어 그녀의 존재가 국내에도 알려지게 되었는데, 그녀의 시는 조원의 후손들이 남긴『가림세고嘉林世稿』와『문소만록』,『일사유사』등에 수록되었고, 중국 명나라 때 시선집에도 허난설헌의 시와 함께 소개되고 있다고 한다.

이구소李九簫의 사랑이야기

이옥봉의 이야기로 숙연해진 분위를 되살리려는 듯이 스님은 회원들을 향해 "사는 곳이 어디요?" 하고 물으셨다. 그러자 회원 대부분이 울산에 산다고 대답했다. 이 말을 들으신 스님은 울산사람들은 이구소 이야기를 꼭 알아야 한다고 하시며, 다음과 같은 이야기를 하셨다.

이구소는 언양 작천정 출신으로, 무남독녀로 태어났다. 그녀는 인물도 학문도 매우 좋았는데, 울산 부호 김홍조金弘祚(1863-1922)의 소실이었다. 한편 그녀는 여류시인이었다. 김홍조는 박영효와 함께 개화파에 속한 인물로 일제 때에는 독립운동에도 가담한 것으로 알려져 있다. 그는 또 학성공원을 기증한 사람이기에 울산사람들은 이것도 알아두어야 한다.

김홍조는 1920년 4월 8일 서울 묘심사妙心寺에서 김우식, 김홍조, 이회광 등이 불교진흥회를 만들었을 때 초대회장이 바로 그였다. 그는 통도사 금강계단 중수와 통도사 자장암 마애불 조성에 시주할 정도로 통도사와도 인연이 깊은 사람이었다.

어느 날 김홍조의 직계 후손(손자)이 스님을 찾아와 김홍조의 독립운동에 대해 문의를 한 바가 있었다. 당시 스님도 통도사의 독립운동에 관심이 있어서 정리하던 중이었고, 또 김홍조가 독실한 불교신자이었거니와 통도사와도 인연이 깊기에 그에 대해 익히 잘 알고 있었다.

스님은 그 날 그에게 이구소의 생사여부를 물으니, 현재 경남 산청에 살고 있으며, 소재지도 알고 있다는 말을 듣고, 바로 재촉하여 부산 국제신문기자(배성언)와 함께 산청을 찾아가서 이구소를 만난 일이 있었다. 그때 당시 이구소는 97세 노인이었음에도 불구하고 안경도 쓰지 않고 신문을 읽고 있었다 한다.

이구소의 말에 의하면 김홍조에게 독립자금으로 추정되는 돈을 넣기 위한 전대를 만들어 준 일이 있으며, 김홍조가 그것을 차고 압록강까지 가서 상해임시정부 측의 인사에게 돈을 진하고 돌아왔을 것이라는 증언을 들었다고 했다.

이렇게 스님은 김홍조와 이구소를 소개하고는 다음과 같은 시 한 편을 소개했다.

看朱忽碧霹無聲	붉은 것을 보아도 문득 푸르게 보이고 뇌성벽력도 소리가 없나이다
只恨因緣不恨情	다만 인연을 원망할지언정 정은 원망치 않겠나이다
早知此別可嚀在	일찍이 이러한 이별을 정녕 알았더라면
一夜相親亦不成	하룻밤 상친하는 것을 맹세코 이루지 않았을 것을

스님은 이 시가 김홍조 가족들로부터 절교 통보를 받고서 적은 시라 했다. 당시 이구소는 언양에서 김홍조와 살림을 차리고 있었다. 김홍조는 이미 결혼한 몸이었기에 가족들은 물론 처가의 가족들도 그녀의 존재를 인정할 수 없었다. 그들은 한자리에 모여 김홍조를 감금시키고는 추달하기 시작하였는데, 양가집 사람들은 이구소와 절교하지 않으면 가문에서 축출시킨다고까지 협박하여 끝내 김홍조에게 절교장을 쓰게 했다. 그것을 심부름꾼에 시켜 이구소 집으로 보냈다.

그때 구소는 심부름꾼을 정중히 대접하고서 잠시 시간을 달라고 하여 안으로 들어가 절교장의 회답을 작성하여 심부름꾼에게 두둑이 사례를 하고서 "다른 사람에게는 절대로 보이지 말고 직접 김홍조에게 전달해 달라."고 간절히 부탁했다. 심부름꾼은 이를 김홍조에게 전했고, 이를 읽은 김홍조는 그 날 밤 담을 넘어 이구소에게 달려갔다고 한다.

위의 시는 스님이 출가하신지 얼마 되지 않았을 때 경봉스님의 법문에서 들은 것인데, 그때 경봉스님은 "기도도 간절하면 이루어지고 참선도 간절해야 도를 이룬다."는 것을 강조할 때 위의 시를 소개하셨다고 했다.

이 시를 두고 이구소가 김홍조가 세상을 떠난 뒤에 적은 시라는 해석도 있으나,* 스님은 예술가답게 김홍조 집안으로 부터 절교통보를 받은 후에 지은 시라고 재차 강조하시면서 울산에 사는 사람이라면 이구소와 김홍조의 사랑 이야기는 알아두어야 하고, 그녀의 작품으로는 『봉선화』라는 한시집이 있다고 하셨다. 이를 들은 회원들은 울산에 살면서도 김홍조는 물론 이구소라는 여류시인이 있는 것을 처음 알았다 하면서 감탄을 했다. 이때 예경실 박주임이 들어와 손님이 찾아왔다고 알렸다. 이에 마지못해 스님은 손님을 맞이하러 바깥으로 나가셨다.

* 박영민(2009), 「이봉선의 문학과 현실인식」, 『어문논집(60)』, p.215.

어느 부부 이야기

부부란?

우리 회원의 대부분은 주부들이다. 그러므로 수업이 끝나고 차를 마실 때면 자연스럽게 가정사가 화제가 될 때가 많다. 어느 날 남편 이야기가 화제가 되었다. 이러한 경우 대개 이야기의 흐름은 정해져 있다. 처음에는 투정부터 시작한다. 생선 가시를 가려주지 않으면 먹지 않는 아이와도 같다고 하고, 외출하려면 늘 따라다니려고 하는 귀찮은 존재라고 하기도 하다가, 냉장고 속에 넣어 둔 반찬도 제대로 차려먹지 못하는 게으른 사람으로 취급하기도 한다.

시간이 흐르면 어느덧 마음이 바뀌어 가족들의 생계를 책임지는 고맙고

애처롭다고 하고, 나이가 들더니 외로움을 타 혼자 두고 해외여행을 못가겠다는 동정심을 펼친다. 그러다가 어느덧 "자식도 아무 소용없나. 이제 우리 부부가 서로 의존하며 행복해야지."라고 정해진 결론을 도출한다.

이를 지켜보면 "안보면 보고 싶고 보면 이 갈린다不見想 見切齒"라는 어려운 고사성어보다는 현철의 "안보면 보고 싶고 보면 미워라"는 아미새 노래 가사가 생각이 난다. 부부란 서로 옆에 있으면 든든하고, 막상 없으면 허전한 존재라는 느낌이 든다. 스님은 어떤 생각을 하실까? 이럴 때마다 스님은 웃음만 머금을 뿐 항상 가만히 듣고 계신다. 그런데 오늘은 평상시와는 달리 가슴 찡한 부부 이야기 두 개를 들려주셨다.

글에는 눈이 없지만, 말에는 귀가 있다

옛날에「글에는 눈이 없지만, 말에는 귀가 있다於書無目 於言有耳」는 말이 있는데, 여기에 관련된 고사가 있다고 하시면서 다음과 같은 이야기를 들려주셨다.

어느 누가 평양감사로 있으면서 길을 가다가 노래를 부르며 밭을 매고 있는 한 여인을 만났다. 워낙 그 노래 소리도 아름답고, 그 여인의 자태두 고와 감사는 잠시 길을 멈추고 글을 적어 여인에게 던졌다. 그 내용인즉슨,

我本長安人으로

遇過於此라가

見君之面하고 聞君之歌하니

眞是窈窕淑女로다

詩云

窈窕淑女, 君子好逑라 하니

君爲淑女하고 我爲君子가 如何오

나는 본래 장안 사람인데

우연히 이곳을 지나다가

그대의 얼굴을 보고 그대의 노래를 들으니

진실로 그대는 요조숙녀이로다

시에 이르기를

요조숙녀는 군자의 좋은 짝이라 하니

그대가 숙녀가 되고, 내가 군자가 됨이 어떠하오.

이 내용에서 보듯이 신임 평양감사는 여인에게 청혼한 셈이었다. 잠시 후 여인으로부터 답이 왔다.

我本平壤人으로

久居僻土하야

無慰我懷러니

一狀花翰이
忽落我手하니
如被雲看天하고
渴者當大海라.

나는 본래 평양사람인데,
오랫동안 궁벽한 곳에 살다가
나의 회포(심정)를 위로 할 사람이 없더니
한 장의 꽃 편지가 홀연히 내손에 떨어지니
먹구름을 헤치고 청천하늘을 보는 것 같고,
목마른 사람이 대해大海를 만나는 것과 같소이다.

 이 글을 받아본 감사는 마음이 급해졌다. 그리하여 말에서 내려 여인에게 말을 건네려고 하였다. 그러자 여인은 손짓으로 남편이 저쪽에 있다 표시하면서 소첩의 남자가 「於書에 無目호되 於言에 有耳라(글에는 눈이 없어도 말에는 귀가 있으니)」, 이러한 말을 들을 것 같으면 크게 노함을 입을 것이오."고 말하며 감사를 저지했다.
 이에 감사는 마음이 후끈 달아올라 "나는 이미 그대를 받아들이기를 정하였기 때문에 이제 더 이상 마음을 고쳐먹을 수가 없다."고 적극적으로 나서자 여인은 다음과 같은 말을 했다.

然이나
君已有婦하고 我亦有夫하니
以有婦之人으로 取有夫之人이면
何爲君子之道理잇가?

그러나
그대는 이미 부인이 있는 남자이고, 나 또한 남편이 있으니
부인 있는 사람으로 지아비가 있는 여자를 취하려고 한다면
어찌 군자의 도리라 할 수 있으리오?

이를 들은 평양감사는 어쩔 수 없이 발걸음을 돌릴 수밖에 없었다. 그 후에도 여인의 집 주위를 맴돌며 몇 번이나 구애를 하였으나, 여인의 마음은 변함이 없었다.

그 이후 감사는 정승이 되어 한양으로 돌아갔다. 그러나 그 여인을 잊을 수가 없었다. 그리하여 강제로 데리고 오라는 구인명령(소환장)을 내려 잡아오게 했다. 구인장을 받은 여인은 "명은 상설과 같고, 엄함은 태산과 같다威如霜雪嚴如山. 가지 않는 것도 어렵거니와 가는 것도 또한 어렵다不去猶難去亦難."고 하면서 배를 타고 대동강을 건너면서 "머리를 돌려보니 대동강 물이 푸르고回首大同江水碧, 이 몸을 던지는 곳에 마음이 편안할 것이다此身投處心安."는 말을 남기고 그만 몸을 강물에 던지고 말았다.

이 이야기는 조선시대의 엄격한 도덕윤리를 반영하고 있다고 하셨다. 이 말을 들은 회원들이 말을 잇지 못하자, 스님은 웃으시면서 "와 그리 숙연하

노?" 하시면서 웃으시었다. 특히 마음에 드는 문구는 "글에는 눈이 없지만, 말에는 귀가 있다."는 표현이 마음에 드신다고 하셨다.

남편을 기다리는 마음

그러시더니 "집에 안가나? 안가면 한 가지 이야기 더해 줄까?" 하시더니 이야기에 앞서 다음과 같은 시를 적으셨다.

搔頭起坐歛容顔	머리를 긁고 일어나 앉아서 얼굴을 어루 만져보니
誰送吾身在此間	누가 이 몸을 이 곳에 보내어 있게 되었는가
黃葉斜陽俄小店	누른 잎 해거름 녘에는 작은 주막에 있었는데
白雲明月是空山	흰 구름 밝은 달 모두 텅 빈 산이네
昏昏夢若前生過	혼미한 꿈에 마치 전생이 지나간 것 같고
寂寂魂能不死還	적적한 혼백은 능히 죽지 않고 돌아왔네
轉倒歸家妻獨待	엎치락뒤치락하며 집에 돌아오니 아내 홀로 기다리는데
廚燈一点半開關	부엌에 등 하나 키고, 사립문 반쯤 열어두었네.

이 시는 더 이상 설명이 필요가 없었다. 시골에 사는 부부의 이야기이다. 장에 간 술 좋아하는 남편이 거나하게 취해 산 넘어 집으로 돌아가다가 깜박 잠이 들고 말았다. 잠에서 깨어나 머리를 긁고 일어나 앉아서 자신의 얼굴을 어루만졌다. 조금 전 해질녘만 하더라도 주막에서 술을 마시고 있었는데,

어찌하여 자신이 이곳에서 잠이 들었는지 기억이 없다. 필름이 끊긴 것이다. 주위를 둘러보니 흰 구름과 밝은 달이 있을 뿐 아무도 없었다. 마치 그 기분은 죽어서 저승을 다녀온 것 같았다. 정신 차려 집으로 발걸음을 옮기나, 술기운에 몸이 엎치락뒤치락 가누기가 어려웠다. 겨우 집에 도달해보니 부엌에 등 하나 켜져 있고, 사립문을 반쯤 열려 있는 것을 보니 아내는 자지 않고 홀로 기다리고 있음에 틀림없다. 한편의 영화와 같은 시이다. 스님은 이 시를 놓고 "따뜻하다."고 평하시더니 "밥하러 안가나?" 하시고는 저녁공양 드시러 토굴 아래로 내려가셨다.

여인 치마폭에 시를 쓴
선비와 승려

곡차를 좋아한 스님

스님은 곡차 이야기가 나와도 신명나 하신다. 옛날에 통도사 백운암 곡차를 좋아하는 스님이 계셨는데, 그분은 신평장에서 한잔하면 백운암까지 올라가는데 무릇 3일이나 걸렸다. 그러한 분이 부산 선암사에도 계셨는데 그 분도 서면에서 한잔하시면 자신의 절까지 가는 데 며칠씩 걸린다고 하셨다.

그 분은 일찍 진사에 합격하여 결혼하여 살았는데, 슬하에 자식이 없었다. 그러던 어느 날 아내가 죽고 말았다. 그리하여 초상을 치르는데 아내의 시신이 있는 방에 들어가 일체 나오지도 않았다. 하는 수 없이 가족 친지들이 방문을 부수고 나오게 하였고, 시신을 끄집어내어 장례를 치렀다. 장례가 끝나자 그 분은 그 길로 가출하여 세상을 떠돌아 다녔다. 그러던 어느 날 길에서 한 스님을 만나 출가했다. 원래 학식이 있으신지라 금방 법력도 갖추게 되었다.

그런데 그 스님의 특이한 점은 항상 짊어지고 다니는 바랑 속에는 그의 아내가 입었던 치마가 들어 있었다. 잘 때도 치마를 깔고 자고, 앉을 때도 치마를 깔고 앉았다. 매우 특이했다고 스님은 기억하셨다.

정약용의 「하피첩」

이 말을 가만히 듣고 있던 경주에 사는 회원이 느닷없이 정약용丁若鏞(1762-1836)이 강진 유배 시절 부인이 보낸 치마에 적은 시가 있다 하며 감동해 마지않았다. 1806년 겨울, 다산 정약용이 강진에서 유배 생활하던 중 부인 홍혜완洪惠婉(1761-1838)으로부터 편지와 함께 낡은 치마를 보내왔다.

낡은 치마는 부인이 1776년 시집올 때 입었던 붉은색 치마였으나, 오랜 세월 탓에 색이 바래 누런빛을 띠고 있었다. 1806년은 마침 두 사람이 결혼한지 30년이 되는 해이기도 했다. 부인 홍씨는 남편에 대한 애잔한 그리움을 담은 시 한수를 편지와 함께 동봉했다. 그때 부인의 시는 다음과 같았다.

歲次丙寅	때는 병인년
時維納氷	시절은 섣달
雪上寒氣	눈 위에 한기 서리고
愁心添增	수심은 점점 늘어
燈下怨女	등불 아래 한많은 여인은
耿耿無寐	뒤척이며 잠 못 이룹니다.
君別七年	그대와 이별한 지 7년,
相逢茫昧	서로 만날 날 아득하니
吾生難待	살아 생전 만나기 어렵겠죠
弱草嚴霜	연약한 풀은 혹독한 서리를 맞고
秋去春來	가을은 가고 봄이 오고
雙眼瞻望	두 눈으로 그대를 바라봅니다.
何日何時	어느 날 어느 때
親見玉貌	그대의 고운 얼굴을 뵐 수 있을까요
己往好事	지난 좋았던 일들이
魔障可笑	마장같아 웃음이 나고
墳墓不拜	산소를 찾아 절을 하지 못하니
終身至恨	평생 한이 되옵니다.
移家南渡	집을 옮겨 남쪽으로 내려가
庶備炊爨	끼니라도 챙겨드리고 싶으나
歲暮病深	해가 저물도록 병이 깊어져
奈此殘命	이내 박한 운명 어찌하오리까

| 一段懷抱 | 이 애절한 그리움이 |
| 千里照映 | 천리 밖까시 비추옵니다.* |

    1810년 정약용은 부인이 보내온 치마를 꺼내 자르고 정성껏 마름질하였다. 그런 다음 그는 그동안 두 아들에게 적어 보낸 훈계하는 글[家戒]을 치마 위에 쓰기 시작했다. 글을 쓴 치마를 다시 한지에 배접하여 총 4권의 서첩으로 만든 다음, 그 서책의 표지에 하피첩霞帔帖이라 적고 고향에 있는 두 아들에게 보냈다. 하피첩의 서문에는 다음과 같은 글귀가 적혀있다.

    "내가 강진 귀양지에 있을 때, 병든 아내가 낡은 치마 다섯 폭을 보내왔다. 시집 올 때 입었던 붉은색 활옷이었다. 붉은빛은 이미 씻겨 나갔고, 노란 빛도 엷어져서 글씨를 쓰기에 마침 맞았다. 마침내 가위로 잘라 작은 첩을 만들어, 붓 가는 대로 훈계하는 말을 지어 두 아들에게 보낸다. 훗날 이 글을 보면 감회가 일 것이고, 두 어버이의 흔적과 손때를 생각하면 틀림없이 뭉클한 느낌이 일어날 것이다. 이것을 하피첩霞帔帖이라고 이름 붙였는데, 이는 곧 (엄마의) 붉은 치마紅裙가 너희들에게 경계의 말씀을 전하는 것이니라. 가경 경오년(1810) 초가을 다산茶山의 동암東庵에서 정약용 쓰다."**

---

*   제목은「강진 유적지에 보내다(寄康津謫中)」이며, 위의 원문은 동아일보 1935년 7월16일자 3면에 실린 것을 번역 소개한 것이다.

** 余在康津謫中。病妻寄敝裙五幅。蓋其嫁時之纁袡。紅已浣而黃亦淡。政中書本。遂剪裁爲小帖。隨手作戒語。以遺二子。庶幾異日覽書興懷。挹二親之芳澤。不能不油然感發也。名之曰霞帔帖。是乃紅帬之轉言悤也。嘉慶庚午首秋。書于茶山東菴。

이러한 글을 남긴 정약용은 다음과 같은 시도 함께 남겼다.

病妻寄敝裙	병든 아내가 해진 치마를 보내왔으니
千里托心素	천 리 먼 길 애틋한 정을 담았네
歲久紅已褪	흘러간 세월에 붉은빛 다 바래서
悵然念衰暮	만년에 서글픔을 가눌 수 없구나
裁成小書帖	마름질로 작은 서첩을 만들어
聊寫戒子句	아들을 일깨우는 글을 적는다
庶幾念二親	부디 어버이 마음을 잘 헤아려
終身鐫肺腑	평생토록 가슴에 새기도록 하라

또 외동딸에게도 치마폭에 그림과 시를 써서 보냈다.

翩翩飛鳥	사뿐사뿐 새가 날아와
息我庭梅	뜰 앞 매화나무에 앉아 쉬네
有烈其芳	매화 향기 진하여
惠然其來	홀연히 찾아 왔네
爰止爰棲	여기에 둥지 틀어
樂爾家室	가정을 이루고 즐겁게 살아라
華之旣榮	꽃도 이미 활짝 피었으니

有賁其實　　　　먹을 열매도 많단다.

이렇게 쓰고는「강진에서 귀양살이한 지 몇 해 지나 부인 홍씨가 해진 치마 여섯 폭을 보내왔다. 너무 오래돼 붉은색이 다 바랬다. 그걸 오려 서첩 4권을 만들어 두 아들에게 주고, 그 나머지로 이 작은 그림을 그려 딸아이에게 전하노라. 가경嘉慶 18년 계유년(1813, 순조 13) 7월 14일에 열수옹洌水翁이 다산茶山(다산초당)의 동암東菴에서 쓰다余謫居康津之越數年 洪夫人寄候裙六幅 歲久紅褪 剪之爲四帖 以遺二子 用其餘爲小障 以遺女兒 嘉慶十八年癸酉七月十四日洌水翁書于茶山東菴」라는 글을 남겼다.

이 하피첩은 오랫동안 정약용의 후손 집안에서 보관하고 있다가 한국전쟁 당시 이를 분실하여 그동안 행방이 묘연하였다가 2006년 한 방송사의 유물감정 프로그램을 통해 세상에 선보여 사람들을 깜짝 놀라게 했다. 원래는 4개의 서첩으로 구성되어있었으며 그 순서를 갑, 을, 병, 정으로 순서를 표기했다. 발견 당시 병이 누락되어 있었다. 각 첩의 내용을 대략 소개하면 다음과 같다.

(1) 갑첩

집안의 화목과 결속을 당부하고 있다. 부모의 효도와 형제간의 우애를 넘어서 사촌형제 사이의 화목을 강조했다. 그리고 현재는 벼슬길에 오를 수 없으나 미래의 재기를 위해 결코 문화적 안목을 잃지 않기를 당부하고 있다.

(2) 을첩

몸과 마음을 바르게 하고 근검 절약, 근면 검소. 그리고 공평한 처신 등을 강조했다. 이를 "공경함으로 마음을 바르게 하고敬以直內, 의로움으로 행동을 반듯하게 해야 한다義以方外"고 강조했다.

(3) 정첩

자신의 학문을 계승해 줄 것을 염원하고 있다. 그리하여 아들에게 자신의 저서를 읽고 연구해 주길 기대하여 학문계승이 곧 아버지의 "목숨을 살리는 것"이라고 하고, 자신이 죽은 이후 아무리 풍성한 제사상이라도 "내 책 한편 읽어주고 내 책 한 장을 베껴주는 일"보다 못할 것이라고 했다. 또한 재물을 모으기 보다는 남에게 베풀고, 혹시라도 주변에 자신의 학문을 알아주는 이가 있으면 아버지나 형제처럼 깍듯이 대해 줄 것을 부탁했다.

태전선사가 여인 치마폭에 쓴 시

이 말을 들으시더니 스님은 스님 가운데 여인의 치마폭에 시를 쓴 사람이 있다고 하셨다. 그 분은 다름 아닌 당唐나라 승려 태전선사太顚禪師(732-824)인데, 당시 선사는 조주 축령봉에서 수년간 수도에만 전념하여 생불生佛로 추앙받고 있었다. 이 고을에 자사로 부임한 퇴지退之 한유韓愈(768-824)는 문득 선사를 시험해보기 위해 고을에서 유명한 기생 홍련을 불러 계교를 일러 주었다. 만약 백일 안에 선사를 파계시키면 후한 상을 내리겠거니와 실패하는 날에는 죽음을 각오할 것을 약속하였다. 아름다운 미모를 자랑하는 지라 성공하리라 자신했다.

다음날 더욱 아름답게 꾸미고 험한 산길을 올라 해질녘에야 스님의 암자에 도착하였다. 먼저 선사에게 인사를 올린 홍련은 "오래 전부터 스님의 덕을 흠모해 오던 차 이번에 스님 시중도 들면서 백일기도를 올리고 싶다."고 하며 접근했다.

그 날 이후 홍련은 건성으로 기도를 하고 선사의 시중을 들면서 기회만을 엿보았지만, 선사는 그녀를 거들떠보지도 않은 채 수행에만 전념했다. 이에 마음이 조급해진 그녀는 온갖 수단과 방법을 동원하였으나 모두 허사였고, 약속한 날은 하루하루 다가왔다. 그리고 한유와의 약속을 지키지 못했으니 앞으로 화를 당할 일이 걱정되어 백일이 되는 날 선사를 찾아가 그간의 좌초지종을 이야기했다. 이를 본 태전선사는 자애로운 미소로 "너무 염려말고 이리 가까이 오너라." 하고는 붓을 들어 치맛자락을 펴게 하고는 단숨에 다음과 같은 시를 적었다.

十年不下陀靈蜂	십년을 축령봉에서 내려가지 않고
觀色觀空卽色空	색을 보고 공을 보니 만상이 비었더라.
如何　滴曹溪水	어찌 조계의 물 한방울을
肯墮紅蓮一葉中	홍련의 잎사귀 가운데 떨어뜨리리

그리고는 홍련을 보내어 그 시를 한유에게 보게 하였다. 이 시를 본 한유는 탄식하며, "어찌 인간이 이럴 수가 있는가? 하며 내가 한번 그가 정말 도인道

人인가 만나봐야겠다."고 하였다.

　토굴에서 한유와 태전선사가 자리를 같이 하고 앉자 선사가 먼저 물었다. "불교의 어느 경전을 보았습니까?" 하자 , 한유는 "별로 뚜렷하게 본 경전은 없습니다."고 하자 선사는 노하여 "그렇다면 지금까지 그대가 불교를 비방한 것은 무슨 까닭입니까? 누가 시켜서 하였습니까, 아니면 자신이 스스로 느껴 비방한 것입니까? 만일 누군가의 시킴을 받아서 행한 것이라면 주인의 뜻을 따라 움직이는 개와 같은 존재일 것입니다. 그리고 자신이 스스로 느껴 행하였다면, 이렇다 할 경전을 한 줄도 읽은 바 없이 비방한 것이니, 이는 자신을 속인 것이 아니고 무엇이겠습니까?"고 꾸짖었다. 이에 한유는 아무 말도 못하고 자신의 잘못을 뉘우친 뒤 선사로부터 깊은 가르침을 받았다.

　또 이런 일이 있었다. 어느 날, 한유가 스님에게 묻기를 "성요처일구省要處一句를 일러주십시오." 하니 선사가 양구良久하였는데, 한유가 이를 알지 못하여 당황하여 어찌할 바를 모르자, 시자 삼평三平이 상床을 세 번 쳤다. 이에 선사가 "무엇을 한 것이냐?"고 물으니 시자가 "먼저 정定으로 움직여 뒤에 지智로 빼냅니다."라고 대답했다. 이 말을 듣는 순간 한유는 대오大悟하였다 한다. 그 이후 한유는 지극한 불자가 되어 불교를 비방하던 그 붓으로 불법을 드날리고 삼보를 찬탄하는 문장을 아끼지 아니하였다. 이같이 과거에는 여인의 치마에 시를 쓴 선비와 승려가 있었다.

　오늘 다락방에서 시작된 스님의 법문은 정약용의 「하피첩」에서 시작하여 여인의 치마폭에 시를 쓴 태전선사의 이야기로 끝이 났다.

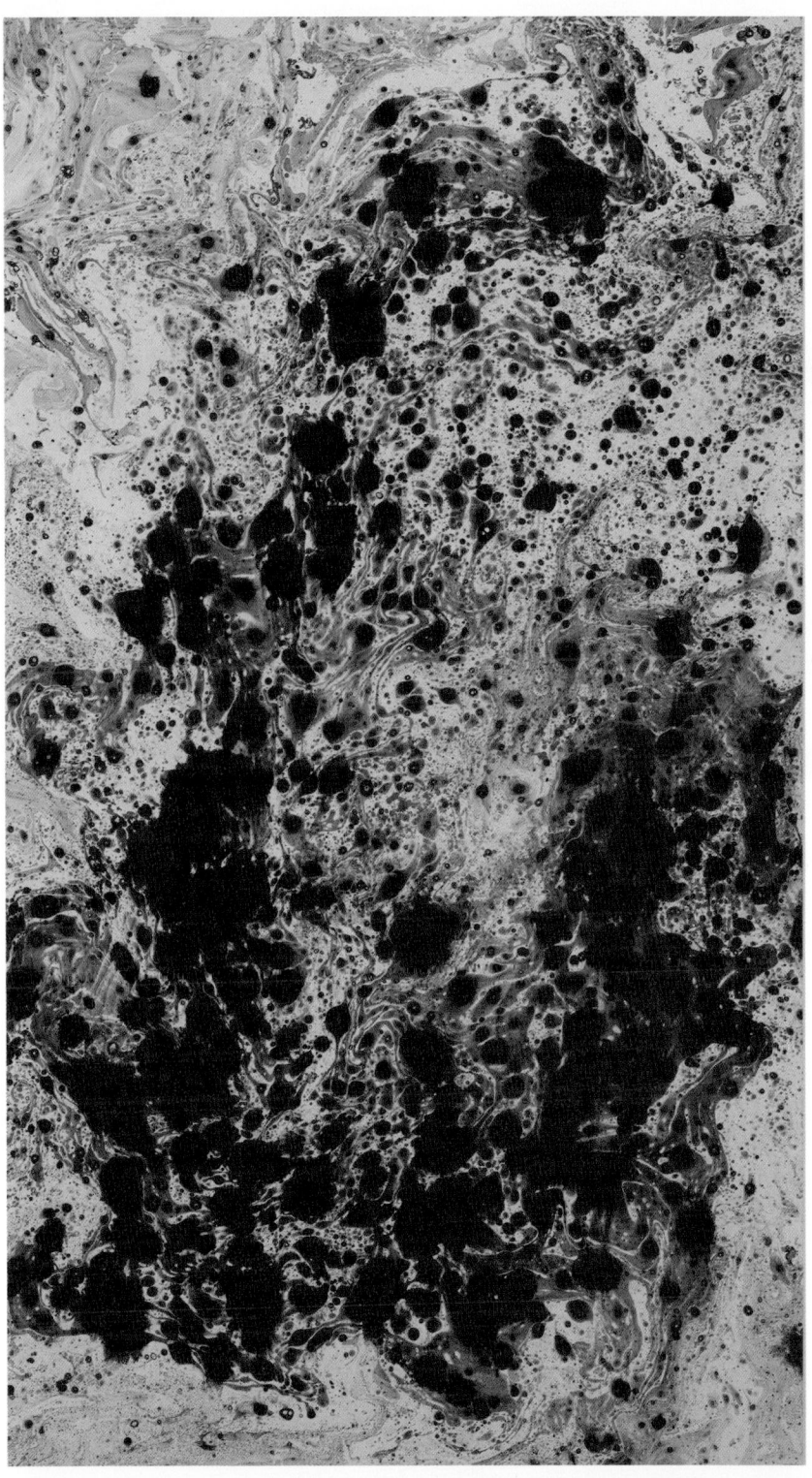

통도사 연밭에서 핀 사랑 이야기

한자리에 모인 대학교수들

오늘 다락방에는 3명도 모이기 힘든다는 대학교수들이 5명이나 모였다. 울산대 C교수(식품영양학), S교수(국문학), N교수(역사민속학), 단국대 A교수(한문학), 청주대 K교수(한문학)이다. 이 자리에 스님과 사진작가 S씨도 참가했다. 다각은 일본다도 전문가이자 원광대 외래교수인 P선생(일본차문화학)이 맡았다.

특히 S, A, K 교수는 한문학 전공이라는 공통점을 지녔다. 더군다나 스님 또한 출가하시기 전에 쓴 한시가 200여 수가 될 만큼 한시에 조예가 깊으시다. 그러한 분위기이기에 자연스럽게 한시에 대한 이야기가 나왔다. 그러다가 불교의 상징인 연꽃으로 옮겨갔다. 그러자 식품영양학이 전공인 C교수가 연을 이용한 식품이야기로 발전시켜 나갔다.

통도사의 연잎차

이야기가 이렇게 진화되어 가자, 통도사 경내에 연밭, 통도사가 설립한 영농법인에서는 연잎차, 연꽃차, 연밥 등을 생산하고 있다는 이야기하며, 통도사 암자 중 축서암에서는 연잎차는 물론 연근차도 만들어 보급하고 있다는 이야기, 그리고 산문 앞 연다향이라는 찻집이 있다는 이야기까지 나왔다.

통도사가 연을 본격적으로 재배하기 시작한 것은 2007년 11월부터라고 한다. 충남 예산군 청화재의 혜민 스님에게서 얻은 연뿌리가 출발이 되었다. 그리고 2008년 5월 축서암의 세봉 스님이 연밭 관리의 소임을 맡자, 스님은 단순한 관리뿐만 아니라 활용법까지 연구하여 연잎으로 차를 만들어 일반인들에게 보급하고 있다고 한다.

그때 갑자기 S교수가 연蓮은 연戀과 발음이 같아 곧잘 사랑의 표현으로 한시에 나타난다고 했다. 이 말을 듣고 불쑥 내가 "우리의 민요에「상주함창 공갈못에 연밥따는 저처녀야 연밥줄밥 내따줄게 이내품에 잠자주소」라는 것이 있지 않소. 서민의 노래에도 연은 사랑의 상징이었던 것 같습니다." 그러자 S교수는 이 말에 반가워하며 "내 고향이 상주이오. 이 노래야말로 나의 고향의 노래이오." 하며 한 곡조 불렀다. 가사는 대략 다음과 같았다.

상주 함창 공갈못에
연밥 따는 저 처자야
연밥 줄밥 내 따줄게
이내 품에 잠자주소
잠자기는 어렵잖소
연밥 따기 늦어가오

상주 함창 공갈못에
연밥 따는 저 큰아가
연밥 줄밥 내 따줌세
백 년 언약 맺어다오
백 년 언약 어렵잖소
연밥 따기 늦어간다

상주 함창 공갈못에
연밥 따는 저 큰 아가
연밥 줄밥 내 따 주마
우리 부모 모셔(섬겨)다오

스님의 연꽃 사랑 이야기

이 말을 듣고 계시던 스님이 연을 가지고 사랑을 노래한 시가 있다 하시면서 다음과 같은 글귀를 적으셨다.

秋淨長湖碧玉流　　가을 맑고 긴 호수에는 비치옥이 흐르는데
荷花深處係蘭舟　　연꽃 깊은 곳에 목란 같은 배를 매어두고
逢郞隔水投蓮子　　낭군 만나 물 건너편으로 연밥을 던지다가
遙被人知半日羞　　남의 눈에 그만 띄니 반나절이나 부끄러웠네.

이상의 내용에서 보듯이 맑은 호수에 한 여인이 사랑하는 이를 만나 연밥을 따서 던지며 사랑 고백을 하였는데, 이를 다른 사람에게 들켜 부끄러워한다는 내용이다. 이같은 시를 스님은 적으시더니 사랑은 수줍음으로 나타날 때 아름답다고 하셨다.

이러한 스님의 간단명료한 사랑학의 강의에 박장대소와 함께 분위기가 급전되었다. 이 시를 들은 K교수는 이 노래는 허난설헌許蘭雪軒(1563-1589)의 채련곡采蓮曲이라 하였고, S교수는 이 노래가 그녀의 남동생 허균의 『성소부부고惺所覆瓿藁』(제26권)에도 실려 있다고 전문가다운 지식과 해설이 펼쳐졌다.

사랑하는 이와 함께 못하는 것이 더욱 슬퍼

허난설헌은 당나라 시인 두목杜牧(803-852)을 흠모했다는 소문이 퍼졌다. 그 이유는 허난설헌의 본명이 초희楚姬이고, 호가 난설헌蘭雪軒이며, 자가 경번景樊인데, 그 자가 두목의 호인「번천」에서 나왔다고 소문이 파다했다. 그러한 예가 조선후기 실학자 홍대용洪大容(1731-1783)에서 찾아 볼 수 있다. 이덕무李德懋(1741-1793)의 『청장관전서青莊館全書』(제63권)에 담헌湛軒 홍대용洪大容(1731-1783)과 청나라 사람 난공蘭公 반정균潘庭筠과 나눈 이야기가 다음과 같이 기록되어있다.

난공 : 귀국의 경번당景樊堂은 허봉許篈의 누이동생으로 시에 능해서 그 이름이 중국의 시선詩選에 실렸으니, 어찌 다행한 일이 아니겠습니까?
담헌 : 이 부인의 시는 훌륭하지만 그의 덕행은 전혀 그의 시에 미치지 못합니다. 그의 남편 김성립金誠立은 재주와 외모가 뛰어나지 못했습니다. 그래서 부인이 이런 시를 지었습니다.

人間願別金誠立　　이생에서 김성립을 이별하고
地下長從杜牧之　　저승에서 두목지를 따르고 싶네

이 시만 보아도 그 사람됨을 알 수가 있습니다.
난공 : 아름다운 부인이 못난 남편과 부부가 되었으니, 어찌 원망이 없을 수 있겠습니까?*

홍대용은 1765년 35세 때 숙부인 홍억洪檍이 서장관으로 청나라에 갈 때 군관軍官으로 수행하여, 약 3개월을 북경에 머문 일이 있다. 그때 청나라 문인 엄성嚴誠, 반정균潘庭筠, 육비陸飛 등을 만나 경의經義, 성리性理, 역사, 풍속 등에 대하여 토론을 벌였다. 이상의 대담은 홍대용이 반정균과 나눈 내용이다.

이 내용에서 보듯이 홍대용은 허난설헌에 대한 인식이 좋지 못했다. 이것은 비단 홍대용만이 가지는 독단은 아닐 것이다. 일부종사一夫從事라는 윤리도덕이 강하게 뿌리를 내리고 있던 당시 조선사회에서 남편을 두고 딴 남자를 생각하는 것 자체가 부정되었던 시기이다. 그 뿐만 아니라 허난설헌은 남편 김성립과의 관계가 좋지 않았다는 소문까지 나돌았다. 그 때문에 그녀의 부정적인 이미지는 더욱더 확대 재생산된 것 같다.

그러나 이를 부인하는 해석도 있었다. 이덕무는 "들건대 경번은 스스로 지은 호가 아니고 부박한 사람들이 기롱하는 뜻으로 붙인 것이라 한다. 담헌도 이에 대해서는 미처 분변하지 못했다. 중국의 책에는 허경번과 허난설헌許蘭雪軒을 다른 사람이라 했고, 또 '그의 남편이 왜적의 난에 절조를 지키다가 죽자 허씨는 여자 도사가 되어 일생을 마쳤다' 했으니, 와전됨이 너무 심하다."고 하면서 안타까워했다.*

그리고 연암 박지원도 『열하일기』에서 "허봉許篈의 누이동생 허씨許氏는 호가 난설헌蘭雪軒인데, 그 소전小傳에는 여관女冠(=女道士)이라 하였으니,

---

*   청장관전서 제63권 / 천애지기서(天涯知己書)/필담(筆談)
*   청장관전서 제63권 / 천애지기서(天涯知己書)/필담(筆談)

우리나라에는 본디 '도관道觀'이니 '여관'이니 하는 것이 없으며, 또 그의 호를 경번당景樊堂이라 하였으나, 이는 더욱 잘못된 일입니다. 허씨가 김성립金誠立에게 시집갔었는데, 김성립의 얼굴이 오종종하게 못생겼으므로 그 벗들이 그를 놀리어 그 아내가 두번천杜樊川을 연모한다 하여 조롱한 것입니다. 대개 규중閨中의 음영吟詠이 본시 아름답지 못한 일인데, 더욱이 두번천을 연모한다고 유전流傳하였으니 어찌 원통하지 않으리까."라 했다.

이에 대해 이규경은 구체적인 증거를 들어 허난설헌의 두목 연모설을 부정했다. 그의 저서『오주연문장전산고』의「경번당에 대한 변증설」에 그것에 대해 다음과 같이 서술했다.

내가 평소에, "젊은 부녀가 아무리 부군과의 사이가 좋지 않다손 치더라도 어찌 다른 세대의 남자를 사모하여 경번당이라 자호까지 할 수 있겠느냐." 생각하며 세속에 전하는 풍설을 늘 불만스럽게 여겨 오다가 신돈복辛敦復의『학산한언鶴山閑言』에, "난설헌이 경번당이라 자호한 데 대해 세상에서, 두번천杜樊川을 사모한 때문이라 하는데, 이 어찌 규중閨中의 부녀로서 사모할 수 있는 일이겠는가. 당나라 때에 선녀仙女 번고樊姑가 있었는데 호號는 운교부인雲翹夫人으로 한漢나라 때 상우령上虞令이었던 선군先君 유강劉綱의 아내였다. 그는 선격仙格이 매우 높아 여선女仙들의 우두머리가 되었고 이름도『열선전列仙傳』에 기록되어 있으므로 난설헌이 바로 그를 흠모하여 경번당이라 칭한 것이다."는 대목을 보고서야 무릎을 치며 통쾌하게 여겼다. 이 어찌 억울한 누명을 깨끗이 씻어 줄 수 있는 단안斷案이 아니겠는가.*

여기에서 보듯이 이규경은 허난설헌의 자「경번」은 두목의 호인「두번천」을 연모한 것에서 생겨난 것이 아니라, 당나라 선녀「번고」를 흠모하여 생겨난 것이라는 신돈복의 해석에 감탄하여 공감을 하고 있는 것이다.

이러한 오해가 풀렸다 하더라도 그녀는 그의 남편인 김성립과의 관계는 원만하지 못했던 것 같다. 난설헌의 남편은 안동 김씨 가문의 김성립이다. 김성립은 1589년(선조22) 생원의 자격으로 문과시험에 말석인 병과에 급제했다. 이러한 남편을 두고 홍대용은「재주와 외모가 뛰어나지 못했다」고 하였고, 『대동기문大東奇聞』에서도「난설헌 허씨는 평생에 금슬이 좋지 못했기 때문에 원망하는 생각으로 지은 것이 많다.」고 했다.* 또 한치윤의 『해동역사』(제49권)에도「허봉許篈의 여동생이 김성립金成立에게 시집갔는데, 착하였으나 사랑을 받지 못하였다.」고 했다.**

이처럼 허난설헌이 정작 남편의 사랑을 받지 못하였다고 널리 알려져 있다. 정작 그녀가 그러하였는지, 그 탓에 당나라 두목을 연모하였는지는 정확히 알 수 없다. 난설헌은 남매를 낳았으나 모두 일찍 세상을 떠나보냈다. 그리고 자신도 27세의 꽃다운 젊은 나이로 일기를 다한 결코 개인적 삶이 행복하였다고 말할 수 없다. 그러한 여인을 두고 남편과의 애정관계가 원만하지 않아 남편을 두고 딴 남자를 연모하였느니 하는 논의는 온당치 않다. 다만 분명한 것은 사람에게 가장 행복한 것은 사랑하는 이와 함께 하는 것이며, 스님의 말씀처럼 수줍은 사랑의 표현이 아름답다는 것이다.

---

*　　『오주연문장전산고』 경사편 5 - 논사류 2 / 경번당(景樊堂)에 대한 변증설 (고전간행회본 권 46)
*　　이민주역(2000), 『新完譯 大東奇聞』(上), 명문당, p.351.
**　해동역사 제49권 / 예문지(藝文志) 8/우리나라 시(詩) 3 본조(本朝) 하(下)

성범동거聖凡同居과 용사혼잡龍蛇混雜
환경이 중요하다
사물은 종합적으로 보고 판단하라
허수아비를 먹어치운 영리한 소
스님이 들려준 칠석 이야기

4

생활법문

성범동거聖凡同居과
용사혼잡龍蛇混雜

「동사섭」에서 시작한 법문

요즘 스님을 찾아오는 손님들이 부쩍 늘었다. 이들을 거절하지 않고 모두 따뜻하게 받아들이시는 것 같다. 그리하여 스님의 개인 작업이 좀처럼 앞으로 나아가지 못하고 있다. 그뿐만 아니다. 자주 피곤한 기색을 역력히 보이실 때가 많다. 이를 지켜보고 안타깝게 생각한 한 회원이 "스님. 작업의 능률을 높이기 위해 손님을 맞는 요일을 정하시고, 그 밖의 시간은 작업을 하시는 것이 어떻겠습니까?" 하고 말을 던졌다.

그러자 스님은 쓴 웃음을 지우면서 그럴 수 없다고 하시면서 불교에서는 사섭법이라는 것이 있는데, 하나는 남김없이 베푸는 보시섭布施攝이고, 둘은 따뜻한 말로 도움이 되는 애언섭愛言攝이며, 셋은 남을 위하는 애단행섭愛他行攝이고, 넷이 그들과 더불어 희로애락을 함께 하는 동사섭同事攝이다. 그 중 특히 「동사섭」은 나와 남이 둘이 아니고 하나라는 생각으로 중생을 대하는 것이므로, 당연히 중생과 함께 고락을 같이 하고 다함께 중생을 제도하려는 마음이다. 이같은 「동사섭」이 남과 더불어 살아가는 데 매우 중요하다고 하시며, 다음과 같은 글귀를 노트에 적으셨다.

聖凡同居　　　　용과 뱀이 함께 있고
龍蛇混雜　　　　범부와 성인이 같이 산다.

이 말에서 보듯이 용과 뱀이 함께 섞여 동거한다는 것은 범부와 성인이 함께 산다는 것과도 같다. 즉, 용과 성인은 성스러움을 말하며, 뱀과 범부는 속됨을 의미한다. 이것을 모두 아우른다는 뜻이다.

「성범동거聖凡同居」과 「용사혼잡龍蛇混雜」의 기원

실제로 그것은 무착문희無着文喜(821-900)가 오대산에서 문수보살을 만나 나눈 이야기에서 나온 말이다. 무착은 7살에 출가하여 항상 계율을 익히고 경학에 열중하였다. 뒤에 대지산大慈山의 성공性空 스님을 만나 여러 지방의 다른 사찰들을 두루 참배할 것을 권유받았다. 그 말을 들은 무착은 곧바로 오대산으로 갔다. 오대산은 화엄도량이다. 화엄사의 금강굴에 이르러 한 노인이 소를 끌고 가기에 그를 따라 사찰에 들어갔다. 노인은 균제均提 동자를 불러 소를 맡기고 무착을 데리고 절에 들어갔다. 무착이 보니 절의 건물들은 모두 금빛으로 되어 있었다.

노인과 마주 앉자 노인은 물었다. "어디에서 오시오?" 그러자 무착은 "남방에서 옵니다."라고 대답했다. 이에 노인은 "남방의 불법은 어떻소?" 하자, 또 다시 무착은 "말법의 비구들이 계율이나 조금 지키고 살아갈 뿐입니다."라고 했다. 노인은 또 "대중들의 수는 얼마나 되오?" 하고 묻자, 무착은 "혹 삼백 명도 되고 혹 오백 명도 됩니다."라고 대답했다. 이번에는 무착이 노인에게 물었다. "이곳의 불법은 어떻습니까?" 하자, 노인은 "용과 뱀이 함께 있고 범부와 성인이 같이 사오龍蛇混雜 聖凡同居."라고 대답했다. 이 말을 들은 무착은 "대중들은 얼마나 됩니까?"라고 하자, 노인은 "전삼삼前三三 후삼삼後三三이오."라고 말했다.

이러한 회화를 나눈 노인은 동자를 불러 차와 맛있는 음식인 소락酥酪을 무착에게 대접하게 하였는데 무착은 그것을 먹고 마음이 환하게 열리고 상쾌해졌다.

사실 무착이 만난 노인은 문수보살이었다. 문수보살은 무착이 남방이라는 방위에 집착하고, 300명, 계율은 물론 500명이라는 대중들의 숫자에도 집착했다. 그에 비해 노인은 용과 뱀, 범부와 성인의 경계를 짓지 않았다. 극단적으로 표현하자면 뱀도 범부도 모두 수행하면 성불할 수 있는 가능성을 지닌 존재로서 받아들이고 있었다.

바다, 산 그리고 현군

오늘 스님이 우리에게 「용사혼잡龍蛇混雜 성범동거聖凡同居」라는 문구를 쓰신 것은 손님을 맞이함에 있어서 날짜를 정하고, 또 사람을 가려 만난다는 것은 이 말의 뜻과는 정반대로 성과 속을 구분하고, 용과 뱀을 분별하는 것이 되기 때문에 그렇게 할 수 없다는 뜻을 밝힌 것과 마찬가지이었다.

이러한 스님의 모습에서 『관자管子』의 「형세해편形勢解篇」에 다음과 같은 말이 떠오른다.

海不辭水	바다는 어떤 물도 사양하지 않는다
故能成其大	그러므로 광대할 수 있고,
山不辭土石	산은 흙과 돌을 사양하지 않는다.
故能成其高	그러므로 높아질 수 있다
明主不厭人	현명한 군주는 사람을 싫어하지 않는다.
故能成其衆	그러므로 많은 사람을 모을 수 있다.

즉, 스님은 어떤 물도 사양하지 않는 바다이길 바라며, 어떤 돌과 흙을 마다하지 않는 산이 되기를 바라며, 그리고 어떤 사람도 마다하지 않는 현명한 군주와 같은 사람이 되기를 우리들에게 가르치시는 것 같다. 이러한 의미에서 오늘 스님이 말씀하신 「성범동거」와 「용사혼잡」 그리고 「동사섭」은 두고두고 마음속에 새겨 두어도 좋은 말인 것 같다.

환경이 중요하다

스님의 하루는 대부분이 손님을 맞이하는 일이다. 그야말로 다양한 계층의 사람들이 많을 것으로 예상된다. 그 폭은 넓어 나로서는 예측하기 힘들다. 그 중에는 대학교수들도 많이 있다. 오늘도 C교수의 버섯연구회 방에 U대 교수 두 분이 와서 스님을 뵙고자 했다. 이를 본 우리 회원 중 한사람이 "스님을 찾는 대학교수들이 많아서 그분들로부터 많은 전문지식을 들으시겠군요." 하고 말하자, 스님은 겸손해하시면서 다음과 같은 글귀를 노트에 쓰셨다.

松裏之葛 直聳千尋　　소나무 속에 자라는 칡은 천 길을 솟아오르고
茅中之木 未免三尺　　띠 풀속의 나무는 삼척을 면하지 못한다

이 말은 소나무 속에 있는 칡은 크지 않으려고 해도 크지 않을 수 없고, 띠 풀 위에 있는 나무는 더 자라고 싶어도 자랄 수가 없다는 것이다. 즉, 스님을 찾아오는 전문가들 덕분에 자신도 많이 배우며 크고 있다는 겸손의 표시이기도 하다.

원래 이 말은 몽암노인夢巖老人 또는 야운선사野雲禪師라 불리는 고려시대의 각우覺玗스님*의 「자경문自警文」에 들어있는 내용이다. 그 중 윗 내용과 관련이 있는 부분을 소개하면 다음과 같다.

松裏之葛直聳千尋	솔숲 칡덩굴은 소나무에 의지해 천길을 오를 수 있거니와
茅中之木未免三尺	띠 풀 밭에 난 나무는 석자도 넘지 못하느니
無良小輩頻頻脫	좋지 못한 무리들을 제발 애써 멀리하고
得意高流數數親	뜻이 높은 현인들을 부디 힘껏 사귈지니라.

여기서 보는 것처럼 스님은 자신을 「소나무에 의지한 칡덩쿨」로 비유하며 몸을 한껏 낮추셨다.

몇 해 전 U대학에서 개최한 국제학술대회에 참석한 중국 교수 몇 명과 함께 스님을 찾아뵌 적이 있었다. 스님은 독학으로 중국어를 공부하시어 통

---

* 속명은 우(玗), 법명은 각우, 호는 몽암노인(夢巖老人)·야운(野雲). 나옹(懶翁)의 대표적인 제자로 오랫동안 나옹의 시자(侍者)를 지냈으며, 항상 지극한 정성과 성실로써 스승을 받들어 나옹으로부터 크게 사랑을 받았다. 1376년(우왕 2)에 나옹이 입적하자 중국으로 들어가서 구법하려고 하였다. 이에 권근(權近)이 송서(送序)를 짓고 이숭인(李崇仁)이 「야운송(野雲頌)」을 지었으며, 기화(己和)도 그에게 칠언절구의 시를 지어 보냈다. 제자를 가르침에 있어 엄격함과 함께 자비로써 인도하였으므로, 엄할 때에는 엄하고 자비를 베풀 때에는 크게 자비를 베푸는 성격의 소유자로 평가받고 있다. 저서로는 『자경문(自警文)』 1권이 있는데, 이 책은 현재 우리나라 승려가 반드시 공부하여야 하는 소의경전(所依經典)이 되고 있다.

역 없이도 자유자재로 대화를 나눌 만큼 중국어가 능통하시다. 그때 중국 대표는 북경대 중문계 왕용王勇 교수이었는데, 그는 그날 도자기 경판, 민화, 불화, 종이 등 다양한 화제로 스님과 많은 이야기를 나누었다. 어느덧 이야기는 한국불교로 옮겨갔다. 주로 왕용 교수가 질문을 했고, 스님은 그에 대한 답을 하는 자세를 취하였다. 질문을 던질 때 마다 스님의 대답은 막힘이 없었다.

　바로 그때였다. 스님의 깊은 학문적 지식에 놀란 왕용교수가 엉겁결에 스님에게 "스님은 어느 대학을 졸업하셨는지요?"라고 물었다. 그러자 스님은 재치있게 "내가 있는 곳이 학교이요. 만나는 사람이 모두 스승이라오."라고 대답하시는 것이었다. 그 순간 왕교수는 자신이 순간적으로 실수하였음을 알아차리고 나에게 살짝 "산중 호랑이가 여기 계셨군요."라고 말해주었다. 그때의 장면을 나는 지울 수가 없다.

　스님은 학교 이야기가 나오면 항상 국민학교 5학년 때 6.25 전쟁이 나서 학교 공부를 제대로 못했다. 서당에서 『명심보감』과 『사서삼경』을 배우며 한문과 한시를 익혔다고 한다. 그리고 "사람들은 졸업하면 학생이 아닌데 난 졸업을 못 했기 때문에 평생 학생이라는 생각을 가지고 살아갑니다. 가방끈이 짧으니 젊을 때부터 '우주무한대 학생'이라고 자처하며 국내외 가리지 않고 스승을 찾아다녔습니다. 그러므로 내 발길 닿는 곳이 곧 수행처요, 학교이었습니다. 그리고 지금껏 책상자를 지고 스승을 찾아다녔습니다. 이를 「부급종사負笈從師」라 합니다. 나는 시작도 학인學人이고, 마치는 것도 학인인 '평생학인平生學人'이 될 겁니다."라고 말씀하시곤 한다.

스님은 도자기로 3천불상과 16만 도판 대장경을 조성하셨고, 또 한지 복원, 옻칠 민화 및 불화 조성, 건칠 불상, 쪽 염색, 차 등 다양한 방면에 걸쳐 뛰어난 기술과 풍부한 지식을 갖추신 분으로 이미 정평이 나있다.

지금은 세계 최대의 한지를 만들어 대중들에게 선을 보였고, 또 전통한지 복원사업에도 적극적으로 동참하시고 계신다. 그런 한편 조계종의 15대 종정으로서도 역할을 다하고 계신다. 이러한 점들을 고려한다면 스님은 소나무에 의지하여 천길을 오르는 솔숲의 칡덩쿨이 아니라, 솔숲을 거느리고 있는 산과 같은 존재라는 느낌을 받았다.

사물은 종합적으로 보고 판단하라

오늘은 일요일이다. 일요일에는 서운암 하우스 식구들이 거의 나오지 않아 조용하기가 그야말로 절간과도 같다. 나는 연구실에서 「일본에서 신이 된 고대한국인」이라는 원고를 최종 수정하여 출판사에 이메일로 보내고, 할복에 관한 글들을 정리하고 있었다. 그때 마침 울산대 G교수가 아들을 데리고 연구실에 들렀다. 그는 「통도사 버섯사진 전시회」를 관람하고, 장경각을 둘러보고 나에게 들렀던 것이다. 그에게 차를 내어 환담을 나누고 있었을 때 마침 스님이 들어오셨다.

그리하여 자연스럽게 3명이 차를 나누며 이런저런 이야기를 하는 중에 G교수가 "스님. 오늘 장경각에 들렀는데, 앞마당에 물을 가둘 수 있는 공사를 하고 있던데, 그것은 무엇을 하기 위한 것이지요?"라고 묻자, 스님은 3년여 시간이 걸려 옻칠하여 그린 반구대암각화를 수중 전시하고자 한다고 대답하셨다. 그 일은 스님의 예술적 장난기가 발동한 것은 부인할 수 없겠지만, 나에게는 반구대암각화 보존을 위해 물에 잠기는 것을 막기 위해 고심하고 있는 많은 사람들에게 반구대암각화에 대한 자신의 견해를 간접적으로 은근히 그리고 과감하게 제시하려는 것처럼 보였다.

그리고는 스님의 이야기는 자연스럽게 반구대 보존법에 대해 옮겨갔다. 스님이 반구대에 관심을 가지게 된 계기는 암각화를 마애불의 원형으로 보기 때문이라고 했다. 불상이 만들어지기 전에 마애불이 있었고, 그 이전에는 암각화가 있었다. 그러므로 암각화는 마애불의 시원이라고 보아야한다는 것이다.

전 세계에 흩어져 있는 마애불을 보면 조각상 위에 비가 오면 빗물이 마애불 위에 흐르지 않도록 물길이 있고, 어떤 경우에는 물길과 햇빛을 막아주는 차양막(지붕)을 설치했던 흔적을 쉽게 찾아볼 수 있다. 그런데 반구대암각화에는 그러한 시설이 일체 없다. 그러므로 그것이 물에 잠기고 잠기지 않고를 따지기 전에 그것부터 고려해야 한다고 하셨다. 더구나 반구대의 바위는 마애불을 새기는 화강암보다 약해 비가 오면 위에서 빗물이 흘러내려오고, 그렇게 되면 바위틈으로 물이 스며들어가 균열을 조장하게 되고, 그것이 겨울철이 되면 얼었다가 녹는 것이 반복되기 때문에 더욱더 마모가 심하게 일어난다. 그리고 햇빛도 암각화를 상하게 하기 마련이다. 그러므로 물에 잠기는 것을 고려하기 전에 풍우, 햇빛, 동해凍解 등을 고려해야 한다는 것이 스님의 해석이었다. 이처럼 사물을 바라볼 때 한쪽으로만 보지 말고 그것을 둘러싸고 있는 것들도 함께 고려해야 한다며 다음과 같은 글귀를 쓰셨다.

衆盲摸象	맹승이 코끼리 잡고
各說異聲	각자 다른 말을 한다.

즉, 맹승이 코끼리를 만지고 각자 다른 소리를 하는 것을 삼가라는 뜻이다. 다시 말해 사물을 판단할 때 눈먼 장님의 코끼리 만지기 식으로 하지 말라는 것이다. 이같이 종합적으로 바라보려면 많은 지식을 섭렵하고 그것을 실천하여야 한다며 또 다시 다음과 같은 글귀들을 쓰셨다.

讀萬卷書	독서를 만 권하고
行萬里路	행동은 만 리 길 가는 것처럼 하라

만 권의 책을 읽고 만 리를 갈 수 있는 행동을 하여야 한다. 즉, 충분히 배운 후에 실천으로 옮겨야 한다는 뜻이다. 「문장명필은 다독과 다서에서 나온다 文章名筆 多讀多書」는 말이 있다. 명문장가는 많은 책을 읽어야 되는 것이고, 명필은 혹독한 글씨를 쓰는 훈련을 거쳐야 탄생한다는 뜻이다. 그렇게 하려면 많이 듣고 많이 보는 것多聞多見도 중요하며, 이를 통해 얻어진 지식을 내 것으로 만들어 실천하여야 진정한 지식인이다. 스님은 이어서 붓을 들어 『대학大學』에 다음과 같은 글귀가 있다고 하며 적으셨다.

物有本末	만물에는 근본과 끝이 있고
事有終始	일에는 끝과 시작이 있으니
知所先後	먼저 할 바와 나중에 할 바를 알면

則近道矣　　　곧 도에 가까운 것이다.

이 글을 들어 스님은 일을 하기 전에 선후를 잘 가려야 하고 시작하여 끝을 맺을 때까지 잠시라도 경계를 늦추면 안된다고 하시면서 또 다시 다음과 같은 글귀를 쓰셨다.

行百里者는 半九十里라 (백리를 가는 자는 90리를 반이라 생각하라)

백리를 가는 자는 90리 걸었을 때 이제 반 왔다고 생각하여야 한다는 것이다. 일을 마칠 때까지 마음의 경계를 늦추지 말라는 것이다. 이것이 성공의 비결이라고 하시면서 또 다시 다음과 같은 글귀를 쓰셨다.

執弓而待兎 (활을 잡고 토끼를 기다린다)

이 말은 유비무환의 다른 표현이다. 일을 추진하여 끝날 때까지 미리 철저히 준비하고 끝날 때 까지 마음을 경계하여 긴장을 늦추지 않아야 후환 없이 일을 성공적으로 마무리를 할 수 있다는 뜻이다.
　이 말을 하시면서 "토끼이야기는 우리의 민담에도 많지요?" 하고 불으셨다. 엉겁결에 질문을 받은 나는 섬에 사는 토끼가 육지로 가고 싶어 바다에 사는 어류들을 속이고 건너는 이야기를 했다. 그러자 스님은 다음과 같은 토끼 이야기도 있다고 하면서 들려 주셨다.
　하나는 산중왕이 된 토끼 이야기이다. 어느 날 토끼는 호랑이에게 잡혔다.

그때 토끼는 자신은 뭇짐승들이 모두 도망갈 정도로 무서운 존재 산중왕이라고 허세를 부린다. 이를 의심한 호랑이는 그것을 증명해보라고 한다. 그러자 토끼는 내 뒤를 따라오면 저절로 알게 될 것이라고 하며 앞장 서 간다. 그리하여 호랑이가 토끼 뒤를 따라가니 이를 본 짐승들은 모두 도망쳐 버린다. 이때 호랑이는 토끼를 보고 도망치는 것으로 오해하여 자신도 도망쳤다는 이야기이다.

또 다른 하나는 토끼의 나이 이야기이다. 옛날 토끼, 여우, 거북이가 여행을 하고 있었다. 이 세 명은 너무나 배가 고파 기진맥진하고 있었을 때, 마침 떡장수 할머니를 보았다. 이들은 상의하여 떡을 훔쳐 먹기로 했다. 그런데 이들은 훔치기도 전에 누가 먼저 먹을 것인지 순서부터 정하기로 하였는데, 모두 의견이 나이 많은 연장자 순으로 먹는 것으로 결정하자고 합의를 보았다.

그러자 거북이가 나서서 말했다. "내 나이는 삼천갑자 동방삭과 같은 나이이다." 했다. 이 말을 들은 여우가 "나는 천지개벽할 때 태어났다."고 주장했다. 이 말을 조용히 듣고 있던 토끼가 이렇게 말했다. "그래 맞다. 천지개벽할 때 여우가 태어나는 것을 내가 직접 눈으로 보았다."고 말하는 것이었다. 스님의 이야기는 여기서 끝이 났다.

이 이야기는 거북이와 여우는 자신이 나이 많다는 것을 일방적으로 주장하였지만, 토끼는 여우의 주장을 부정하지 않고 자신의 나이를 나타내지 않으면서도 자신의 우위를 은근히 드러내어 최종의 승리를 거두었다는 결말에 매력이 가해진다.

요즘 사람들은 남의 말을 듣기보다는 자신의 눈으로 보고, 들은 것만으로 옳다고 주장하는 일이 많다. 그렇게 되면 아무리 좋은 의견일지라도 남에게 받아들여지지 않고 감정싸움만 되풀이될 가능성이 높다. 그러할 때 남의 주장도 부인하지 않고, 자기주장도 강하게 드러내지 않고, 자신의 의견을 펼치는 토끼의 지혜가 필요한 것이 아닌가. 이같은 토끼 이야기를 하시고는 갑자기 스님은 "오늘 옛 사람의 술지게미를 너무 많이 써먹었다."고 하면서 황급히 저녁 공양 드시러 토굴로 내려가셨다.

스님이 말씀하신 「옛사람의 술지게미古人糟粕之旨」란 『장자莊子』의 「외편外篇」 「천도天道」에 나오는 말이다. 그 내용을 소개하면 다음과 같다.

제나라 환공이 대청 위에서 책을 읽고 있을 때, 뜰 아래에서 수레바퀴를 깎고 있던 목수가 망치와 끌을 놓고 올라와서 환공에게 물었다. "감히 묻습니다. 임금님께서 읽고 계신 것에는 무엇이 쓰여 있는지 알고 싶습니다." 환공이 말했다. "성인의 말씀이시다." "성인은 살아 계신 분입니까?" 환공이 말했다. "이미 돌아가신 분이다." "그렇다면 임금께서 읽고 계신 것은 옛사람의 찌꺼기이겠습니다." 환공이 말했다. "내가 책을 읽고 있는 것에 대해 수레바퀴나 만드는 자가 어찌 거론하느냐? 올바른 근거가 있으면 모르지만 그렇지 않다면 죽여 버리겠다." 목수는 말했다. "저는 제가 하는 일로 미루어 그 일도 관찰한 것입니다. 수레바퀴를 깎을 때, 늦추어 깎으면 헐렁해지나 견고하게 되지 않고, 꼼꼼히 깎으면 빡빡해서 들어가지 않습니다. 더 깎지도 덜 깎지도 않는 일은 손 감각에 의해 마음의 호응으로 결정되는 것이지 입으로 말할 수는 없는 것입니다. 거기에 비결이 있으나, 그것을 저의 아들에게 가르쳐 줄 수가 없고, 저의 아들은 그것을 저에게 배울 수가 없습니다. 그래서 나이 칠십이 되도록 수레바퀴를 깎고 있는 것입니다. 옛날 사람과 그의 전할 수 없는 정신은 함께 죽어버린 것입니다. 그러니 임금님께서 읽고 계신 것은 옛사람들의 찌꺼기일 것입니다."라고 말했다.*

스님이 오늘 말씀하신 옛사람의 남긴 말과 글을 「술지게미糟粕」로 비유한 것이다. 그러나 그 말씀은 스님은 말과 글로 진실을 설명할 수 없으니, 자신이 하신 말을 술지게미로 비유한 것으로 받아들여진다. 여기에 대해 앞의 「옛사람의 술지게미」의 고사 앞에 흥미로운 문장이 있어 소개하면 다음과 같다.

도를 배울 때 세상에서 귀중히 여기는 것은 글이다. 글이란 말에 지나지 않는 것이니, 말이 귀중한 것이 된다. 말이 귀중한 것은 뜻이 있기 때문인데, 뜻이란 추구하는 것이 있는 것이다. 뜻이 추구하는 것은 말로는 전할 수가 없는 것이다. 그런데도 세상에서는 그 때문에 말을 귀중히 여기며 글을 전한다. 세상에서는 비록 그것들을 귀중히 여기지만 나는 오히려 귀중히 여길 것이 못 된다. 세상에서 귀중히 여기는 것은 귀중한 것이 못되기 때문이다. 눈으로 볼 수 있는 것은 형체와 색깔이다. 귀로 들을 수 있는 것은 명칭과 소리이다. 슬프다.

---

* 「莊子」「外篇 13. 天道10」:「桓公讀書於堂上 輪扁斲輪於堂下 釋椎鑿而上 問桓公曰 敢問 公之所讀者何言邪 公曰 聖人之言也 曰聖人在乎 公曰 已死矣 曰然則君之所讀者 故人之糟魄已夫 桓公曰 寡人讀書 輪人安得議乎 有說則可 無說則死 輪扁曰 臣也以臣之事觀之 斲輪 徐則甘而不固 疾則苦而不入 不徐不疾 得之於手而應於心 口不能言 有數存焉於其間 臣不能以喩臣之子 臣之子亦不能受之於臣 是以行年七十而老斲輪 古之人與其不可傳也死矣 然則君之所讀者 故人之精魄已夫」

세상 사람들은 그 형체와 색깔과 명칭과 소리로 그것들의 진실을 파악할 수 있다고 생각하고 있다. 형체와 색깔과 명칭과 소리로는 절대로 그것들의 진실을 파악할 수 없다. 게다가 아는 사람은 말하지 않고 말하는 사람은 알지 못하고 있으니 어떻게 그것들을 알 수 있겠는가! *

이처럼 진실道은 형체와 색깔, 명칭과 소리로 절대로 파악될 수 있는 것이 아니다. 그러므로 그것을 설명하는 말과 글 또한 스님이 말씀하신 바와 같이 「옛사람의 술지게미」가 된다. 남이 한 말과 글, 자신이 본 형체와 색깔, 그리고 자신이 듣고 체험한 명칭과 소리를 신주단지처럼 모시는 일은 경계할 필요가 있을 것 같다. 그것도 한 단면만 바라보는 편협한 주관적 견해일 수 있기 때문이다. 이처럼 사물을 종합적으로 판단한다는 것은 쉬우면서도 어려운 것이다.

---

* 「莊子」「外篇 13. 天道10」:「世之所貴道者書也 書不過語 語有貴也 語之所貴者意也 意有所隨 意之所隨者 不可以言傳也 而世因貴言傳書 世雖貴之 我猶不足貴也 爲其貴非其貴也 故視而可見者 形與色也 聽而可聞者 名與聲也 悲夫 世人以形色名聲 爲足以得彼之情 夫形色名聲果不足以得彼之情 則知者不言 言者不知 而世豈識之哉」

허수아비를 먹어치운 영리한 소

진짜가 가짜 같고, 가짜가 진짜 같다

　오늘은 토요일임에도 불구하고 아침부터 회원들이 모여 연구회를 했다. 각자 연구한 내용을 발표하고, 토론하는 형태로 진행되었다. 추운 겨울날씨에 비해 토론열기도 뜨거웠다. 점심을 먹고 차를 마시는 시간이 되었다. 그때 스님께서 우리들이 모여 있는 다락방에 들리셨다. 자연스럽게 스님과 함께하는 찻자리가 되었다. 어느 회원이 찻자리에 어울리지 않게 "요즘은「유튜브」들이 난립하여 누구의 말이 진짜인지 가짜인지 모르겠다"고 불평을 늘어놓았다. 즉, 오늘날 우리의 시국이 진짜가 가짜 같고 가짜가 진짜 같은 혼돈의 시대가 되었다는 것이다.

스님께서 가만히 이 말을 들으시더니 그러한 현상은 오늘 내일의 일이 아니다. 과거에도 그러한 일이 허다했다고 하시면서 다음과 같은 글귀를 노트에 적으셨다.

假作眞時眞亦假　　가짜를 진짜로 여길 때에는 진짜도 가짜가 되고,
無爲有處有還無　　없는 것을 있는 것으로 여기는 곳에서는 있는 것도 없는 것이 된다.

이 말은 중국의 고전 『홍루몽紅樓夢』에서 나오는 명언이다. 거짓된 것이 진실인 것처럼 취급될 때 진짜 사실이 거짓이 될 수도 있고, 그러한 상황이 되면 없는 것도 있는 것으로 만들 수 있고, 있는 것도 없는 것으로 만들어 버릴 수도 있다. 이는 우리에게 사물의 진실이 항상 겉으로 보이는 것처럼 명확하지 않으며, 진실과 거짓, 존재와 허무의 경계가 상황의 변화로 인해 모호해질 수 있음을 상기시키는 말이자, 사람들에게 사물의 본질을 통찰하고 겉모습에 현혹되지 않도록 경고하는 말이다. 이같은 글을 쓰신 후 스님은 진실을 가려내지 못하면 허수아비를 사람으로 보는 어리석은 자일 수밖에 없다고 하셨다.

허수아비를 보는 소

그러자 한 회원이 느닷없이 허수아비 유래에 대해 설명했다. 그에 의하

면 우리나라에는 허수아비의 기원전설이 두 가지가 있는데, 하나는 다음과 같다.

아주 오랜 옛날 어느 마을에 허수라는 청년이 살았는데, 집이 몹시 가난하여 남의 집 일을 하며 부모님을 지극 정성껏 보살폈다. 그의 아버지는 참새를 좋아해 종종 곡식을 한줌씩 마당에 뿌려 새들이 날아와서 먹을 수 있게 했다. 그러던 어느 날, 이웃 마을에 일하러 간 허수가 주인에게 매를 맞고 죽어서 싸늘한 시신이 되어 돌아왔다. 이를 본 그의 부모는 넋을 잃었고, 그 다음 날부터 그의 아버지는 참새들이 날아와도 먹이를 주지 않고 쫓아 버렸다. 그리고 날마다 들녘으로 나가서 아들의 이름을 큰 소리로 외치며 울다가 몸이 점점 굳더니 그만 논 한가운데에서 팔을 벌리고 선 채로 죽고 말았다. 이런 일이 있고 난 뒤 사람들은 그의 모습을 딴 인형을 논에 세워서 새를 쫓았고, 이름을 허수의 아버지라는 뜻으로 허수아비라 했다.

또 하나는 옛날에 허수라는 소년이 계모에게 쫓겨나 남의 집에서 머슴살이를 하고 있었다. 그의 행방을 모르는 그의 아버지는 사라진 아들을 찾아다니다가 결국 거지가 되었고, 고생 끝에 아들이 일하는 집 논둑에 다다랐지만, 배고픔에 견디지 못하고 그 자리에 그만 쓰러져 죽고 말았는데, 새들이 그의 모습을 보고는 논으로 날아들지 않았다. 그 뒤부터 새를 쫓으려는 농부들이 여기저기 논밭에 인형을 만들어 세웠는데, 이것이 허수아비의 기원이 되었다는 것이다. 이처럼 우리의 허수아비 유래담은 슬프다.

그러나 스님이 보시는 허수아비는 다르다. 불가에서 허수아비를 비유하는 이야기가 있다고 하시면서 "허수아비는 사람 모양을 하고 있지만 사람이 아니다. 이 점을 분명히 알아야 한다"고 하셨다. 그리고 "옛날이나 지금이나 도인이 아니면서도 도인인 척, 성인이 아니면서 성인인 척, 군자가 아니면서 군자인 척하는 사람들이 너무 많았다. 이를 가려내는 혜안을 가질 필요가 있다"고 강조하시면서 다음과 같은 시를 적으셨다.

枯草幣衣化作人	마른풀과 헤어진 옷으로 사람을 만들었는데
野禽山獸總疑眞	들새와 산짐승들이 모두 진짜 사람인가 의심하네
荒年險世無憂客	흉년과 험악한 세상이어도 근심이 없는 사람이요
戰國徵兵漏籍民	전쟁이 나 징병에도 호적에 없는 사람이라
態勢縱容仍似舞	모양은 거리낌 없이 춤을 추는 것과 같고
形容終夜更生新	형용은 깊은 밤을 맞아 새로운 모습으로 살아나네
家牛有力兼明眼	내 집에 소가 있는데 힘이 좋고 눈이 밝아서
直入田中喫偶身	밭 가운데로 바로 들어가 그 허수아비 먹어치우네

이 시에 나타나듯이 사람의 모양을 하고 있고, 매일 밤이슬을 맞아 아침이면 새 단장을 하고 위풍당당하게 나타나지만, 흉년이 들거나 전쟁이 나도 아무런 도움이 되지 못하는 존재이다. 어리석은 자는 그것을 사람으로 보지만, 조금 똑똑한 들새와 산짐승들은 진짜 사람인가를 의심한다. 그러나 그것보다 훨씬 영리한 힘 좋고 밝은 눈을 가신 소는 그것이 사람이 아닌 허수아비임을 알고 논에 들어가 먹어치워 버린다는 것이다.

불가에서는 「명안조사明眼祖師」라는 말이 있다. 깨달은 도인을 「명안」이라고도 하는데, 이러한 명안을 가지고 있어야 하며, 이는 수행자에게도 적용된다고 하셨다. 벽을 바라보고 앉아있다고 하여 모두가 도인이 아니다. 참선을 해도 눈이 밝아야 한다. 눈이 어두우면 눈을 뜨고도 앞을 못보는 소경과 마찬가지이다. 그러면 허수아비를 사람인 줄 알게 된다. 옳은 판단력을 가지고 있지 못하면 진정한 도인이라 할 수 없다. 가짜뉴스가 난무하는 오늘날 우리는 힘 좋고 밝은 눈을 가진 소가 될 필요가 있다. 그렇지 않으면 가짜가 판치는 거짓사회가 될 것이기 때문이다. 가면극의 맨 마지막 장면은 가면을 벗고 진짜 얼굴을 보여주는 것이다. 이것이 진면목眞面目이다. 가면을 벗기고 진면목을 볼 수 있는 혜안을 가져라는 뜻의 법문을 스님은 「허수아비를 먹어치운 힘센 영리한 소」로 비유하신 것이었다.

스님이 들려준 칠석 이야기

양귀비와 칠석 이야기

목요연구회를 마치고 회원들과 함께 저녁식사를 하면서 우연히 칠석이야기가 나왔다. 동아시아의 칠석설화에는 크게 나누어 두 가지 형태가 있다. 하나는 우리에게도 널리 알려져 있는 오작교에서 견우와 직녀가 만나는 것이고, 또 다른 하나는 견우가 은하수를 건너 직녀를 만나고 돌아가는 이야기이다. 후자는 고구려 고분벽화에 잘 나타나 있다. 이러한 이야기를 들으시더니 스님은 양귀비와 칠석 이야기가 생각나신다고 하시면서 다음과 같은 글을 쓰셨다.

| 頻呼小玉非他事 | 빈번하게 소옥을 부른 것은 다름이 아니라, |
| 但要檀郎認得聲 | 다만 단랑에게 소리를 알아들으라고 하는 것이다. |

이것 또한 알아들을 사람만 알아듣는 시라고 하시면서 그것의 배경에는 다음과 같은 일화가 있다고 하셨다. 즉, 양귀비는 현종과 안록산의 애인이었다. 그러므로 안록산이 올 때에는 현종이 오면 안되고 안록산이 올 때에는 현종이 오면 안되었다. 양귀비가 데리고 있는 시녀의 이름이 소옥이었다. 사실 소옥을 빈번하게 부른 것은 정작 소옥을 부르는 것이 아니었다. 그 노래는 안록산만이 알아들을 노래였다. 그것은 현종이 갔으니 담 넘어 있는 기다리고 있는 안록산에게 들어오라는 신호였다.

본질을 보라

절 집안에서도 본질을 보라고 강조할 때「양귀비가 빈번하게 소옥을 부르는 의미」고 자주 비유의 표현을 한다고 한다. 여기에 대해 다양한 표현들이 있는데, 그 중 가장 많이 알려진 것이「지월표월指以標月 월부재지月不在指」이다. 즉,「손가락으로 달을 가리키지만, 달이 손가락에 있는 것은 아니다」는 뜻이나. 달을 보라고 손가락으로 가리키는데, 어리석은 자들은 달을 보지 않고 손가락 끝을 보는 것에 대한 비유이다.

이 말은 보조국사 지눌知訥(1158-1210)이 남긴 말이다. 원문은「손가락으로 달을 가리킴이여, 달은 손가락에 있지 않도다. 말로써 법을 설함이여, 법은 말에 있지 않다指以標月兮 月不在指 言以設法兮 法不在言」라고 되어있다. 여기서 보조국사는 '달'과 '법'을 찾으려면 보이지 않고, 들리지 않는 데서 보고 들어야 한다는 것을 강조하고 있다.

그것에 대해 스님은 "북송 때 시인 구양수歐陽脩의 「취옹정기醉翁亭記」라는 시에 같은 의미의 내용이 있다."고 하시면서 다음과 같은 글귀를 쓰셨다.

醉翁之意不在酒   취옹의 뜻은 술에 있지 아니하고
在乎山水之間也   산수지간에 있으니,
山水之樂   산수 간에 노니는 즐거움을
得之心而寓之酒也   마음으로 얻어서 술에 기탁하는 것이다.

여기서 보는 것처럼 술 취한 늙은이가 술을 마시는 목적은 술에 있는 것이 아니라 산수를 감상하기 위한 것에 있으며, 술기운을 빌려 아름다운 산수를 마음속으로 감상하면서 즐겁게 취하는 데 있다는 말이다. 이를 모르면 그의 마음이 술에 있다고 주장한다.

스님은 이러한 사람들은 본질을 보지 못하는 참으로 어리석은 사람들이라고 일갈하시면서, 이는 다르게 표현하면 「일견허폐一犬虛吠 백견전실百犬傳實」과도 같다고 하셨다. 즉, 한 마리 개가 허공을 보고 짖으면 백 마리 개들이 따라 짖는다는 뜻이다. 이를 두고 후한後漢의 사상가 왕부王符는 자신의 저서 『잠부론潛夫論』에서 「일견폐형一犬吠形 백견폐성百犬吠聲」이라고 표현했다. 일본에서는 이것이 아예 속담이 되어 「한 마리의 개가 공연히 짖으면, 다른 개들도 덩달아 짖는다一犬虛にほえて 万犬實を傳う」라고 한다. 뜻은 모

두 같다. 어느 누가 거짓말을 하면 많은 사람들이 마치 진실인양 떠들어 댈 경우에도 사용하는 말이기도 하다. 그때는 「일인전허一人傳虛 만인전실萬人傳實」이라고 표현하기도 한다. 어리석은 자들은 모두 이와 같다는 것이다.

이렇게 설명하시고도 부족함을 느끼셨는지 스님의 말씀은 계속되었다. 『전등록』에 「한로축괴韓獹逐塊 사자교인獅子咬人」이라는 법문이 있는데, 어리석은 개는 던진 돌을 따라 뒤쫓아 가지만, 현명한 사자는 그것을 던지는 사람을 물어버린다. 이처럼 개는 본질을 보지 못하지만, 사자는 본질을 보고 대응한다는 것이다.

이러한 표현들에서 보듯이 지식과 덕이 높은 선사의 말은 특히 겉으로 드러난 것으로 해석하면 안된다. 그 속에 들어있는 본질적인 의미를 파악하여야 한다. 굳이 일본 다도의 용어를 빌려 설명하면 「메기키目利」가 아닌 「메아키目明」로 사물을 보라는 것이며, 불교식으로 표현하자면 「언외유지言外有志」라는 말처럼 말 밖에 뜻을 알아야 한다는 것이다. 그러므로 선인들이 남긴 많은 다시茶詩의 해석에도 보이지 않는 곳에 숨어있는 의미(진실)를 찾아내는 안목이 필요하다고 하셨다.

또 스님은 본질을 알았다면 세속에서도 자유자재受用하여 「마치 용이 물을 얻고, 범이 산을 의지한 것如龍得水 似虎靠山」과도 같지만, 알지 못하면 세속의 이치世諦에 끌려다니게 된다. 마치 그것은 어린 염소의 뿔이 울타리에 걸려 꼼짝하지 못하고, 말뚝을 지키며 토끼를 기다리는守株待兎 것과 같다고 강조하셨다.

글에는 눈이 없지만 말에는 귀가 있다

이같이 스님이 길게 상세히 본질 파악의 중요성을 설명하였음에도 불구하고 눈치 없는 한 회원이 양귀비와 안록산이 서로 주고받는 신호가 흥미로웠는지 "미인은 남자의 마음을 빼앗고, 마음을 빼앗긴 남자들은 그녀를 두고 다투는 것은 동서양을 막론하고 공통점이군요." 하자, 스님은 전혀 개의치 않고 칠석에 관한 흥미로운 양귀비와 안록산의 이야기가 있다고 하시면서 이야기를 이어갔다.

칠월칠석날 안록산과 양귀비가 서로 사랑을 나누면서 자신들은 매일 이렇게 만나는 데 1년에 1번밖에 만나지 못하는 견우직녀를 측은해 하며 놀려댔다. 이를 들은 견우직녀가 다음과 같은 시를 지어 불렀다.

牽牛織女兩扇開	견우직녀가 부채(사립문)를 활짝 펴고(열고)
年年一渡過河來	해마다 한차례씩 은하를 건너오는구나
莫言天上稀相見	하늘 위의 만남이 드물다 하지 마라
猶勝人間去不回	인간이 한번 가고 다시 오지 않는 것보다 낫지 않은가.

이것은 당나라 사람 조황趙璜이 쓴 「칠석七夕」이란 시이다. 지금은 양귀비와 안록산이 매일 만나 사랑을 나누지만 그것은 영원한 것이 아니다. 죽고 나면 다시 할 수 없다. 그렇지만 견우와 직녀는 비록 1년에 1번 만나지만, 영원히 계속되어지기 때문에 인간들의 만남보다 선경에 있는 견우와 직녀의 만남이 더 낫다는 것이다. 이는 하늘에도 듣는 귀가 있으니 함부로 말하지

말라는 뜻이라 말씀하셨다. 남의 말을 할 때는 얼마나 신중하여야 하는지를 일깨워주는 교훈적인 이야기가 아닐 수 없다. 오늘 스님이 지대방 이야기는 해가 기울어 어둠이 깔릴 때까지 계속되었다.

근검과 절약

인재와 겸손

참된 용기와 실천

문수理判와 보현事判

평등공양과 차등보시

5

정신지혜

근검과 절약

스님의 절약정신

최근에 스님은 우리들과 점심공양을 같이 드실 때가 종종 있다. 회원들은 이를 좋아해 밥과 국 그리고 반찬 등을 정성껏 준비해온다. 특히 스님은 상추쌈을 좋아하신다. 스님은 자신이 덜은 음식은 한 번도 남기신 적이 없으며, 언제나 우리가 놀랄 정도로 밥그릇과 국그릇을 말끔히 비우신다. 그 뿐만 아니다. 손을 닦으시라고 휴지 1장을 드리면, 그것을 4등분으로 접고 찢어서 나누어 사용하신다. 누가 보아도 혀를 두를 만큼 물건을 아껴 쓰신다. 그러한 것이 이미 몸에 베여있으신 것 같다. 이를 지켜 본 한 회원이 "대체로 스님들은 철저한 근검절약이 습관화 되어 계신 것 같은 데 출가 후 별도로 교육을 받습니까?" 하고 물었다.

스님들의 공양

그러자 스님은 "여러분들 발우 공양해 보았습니까?" 하고 반문하시더니 아마도 스님들은 발우공양을 통해 근검절약 정신이 자연스럽게 몸에 베이는 것 같다고 하시면서, 발우공양에 대해 다음과 같이 설명하셨다.

스님들은 공양하기 전에 오관게五觀偈를 외우는데, 그 의미는 첫째 음식이 어디에서 왔는가를 헤아리고, 둘째, 자기 덕행에 비추어 공양을 받을 만한가를 생각하고, 셋째, 마음의 탐진치를 없애는 것을 관하고, 넷째, 밥 먹는 것을 육신을 지탱하기 위한 양약으로 알고, 다섯째, 도를 이루기 위해 공양을 받는다는 것을 명심한다.

그리고 스님들은 공양할 때 허리를 굽히지 않고 발우를 손으로 들어 입에 댄 뒤 음식을 먹는 모습이 최대한 보이지 않도록 발우로 얼굴을 가리며 먹는다. 또 수저 부딪히는 소리, 음식을 씹는 소리도 최대한 자제해야 한다. 그리고 작은 고춧가루나 쌀알 한 톨까지 남기지 않고 깨끗하게 그릇을 비우며 먹어야 한다. 공양 후에는 자기 발우에 청수를 붓고 마지막으로 남겨둔 김치 조각으로 발우를 닦은 뒤 먹고 물을 마시는 것으로써 설거지를 한다. 그 남은 물로 발우를 씻었다 하여 세발수洗鉢水라 하는데, 이를 아귀에게 공양하는데 이때 다음과 같은 게송을 외운다.

我此洗鉢水	내 이 발우 씻은 물은
如天甘露味	하늘 나라의 감로수의 맛과 같다.
施與餓鬼衆	너의 아귀의 무리들에게 베푸나니,
皆令得飽滿	받아 마셔 모두 배불러지어다.

아귀들에게 주는 세발수에는 고춧가루 하나, 쌀 한 톨이라도 남아있어도 안 된다. 왜냐하면 아귀의 목구멍은 바늘과 같이 가늘어서 그것들이 걸려 먹을 수 없기 때문이다. 이처럼 발우공양을 통해 식사예절, 생명존중, 근검 절약 등을 철저히 배우게 된다고 하셨다. 그러므로 스님들의 발우공양은 단순히 배고픔을 해결하기 위해 먹는 것이 아니라고 힘주어 말씀하셨다.

그리고 스님은 그것과 관련하여 한 가지 일화를 소개하셨다. 사명대사의 입산기入山記에 사명대사가 묘향산 보현사로 가는 도중 "산길을 가다 보니, 웬 스님이 맑은 계곡물이 흐르는 산길을 따라 헐레벌떡 뛰어내려오고 있었다. 어인 일인가 싶어 지켜보니, 그 스님은 계곡물에서 배춧잎 하나를 건져내고 있는 것이었다. 그래서 나는 그 산길을 따라 올라갔다. 스님의 뒤를 좇아 가보니 암자가 나왔다. 거기까진 무려 십리나 되는 길이었다. 그 스님에게 물었다. '십리나 되는 길을 고작 배춧잎 하나 주우려고 내려오셨습니까?' 그러자 스님이 화를 내며 말했다. '세상이 내리는 모든 것이 시물施物이거늘, 스님들이란 무릇 공짜로 그것을 먹고 사는 자들이다. 어째 배춧잎 하나라도 소중히 생각하지 않는단 말이더냐?' 나는 그 말을 듣고 입산을 결정했다."라는 내용이 있다고 한다. 그것이 사실인지 아닌지 모르지만, 스님들의 절약정신은 철저하다. 또 『명심보감』의 「성심편省心篇」(하)에 다음과 같은 글귀가 있다고 하시면서 적으셨다.

日食三飡	하루 세 끼 밥을 먹을 때
每念農夫之苦	농부 수고로움을 생각하고
身被一縷	몸에 한 오라기의 실을 입을 때
常思織女之勞	항상 직녀의 수고로움을 생각하라

이러한 것에서 보듯이 우리가 먹는 음식과 입는 옷에는 많은 사람들의 수고로움이 들어있다. 이를 잊어서는 안된다고 강조하셨다. 옛 스님들은「일미칠근一米七斤」이라는 표현을 자주 사용하셨다. 이는 쌀 한 톨을 생산하는데 일곱 근의 땀이 배어 있다 뜻이다. 그러므로 그 쌀을 먹는 수행자는 쌀의 소중함은 물론 쌀의 무게만큼 막중한 책임감을 가지고 수행을 게을리 해서는 안되다는 경책이다. 그리고 스님들이 출가하여 처음으로 배우는『초발심자경문初發心自警文』에 다음과 같은 말이 있다.

拜膝如氷	절하는 무릎이 얼음같이 시리더라도
無戀火心	불기운을 그리워하는 마음이 없어야 하며,
餓腸如切	주린 창지가 마치 끊어지듯 하더라도
無求食念	음식을 구하는 마음이 없어야 한다.

승려는 아무리 춥고 배고프더라도 그것을 이겨내는 정신이 필요하다. 옛말에「배부르고 따뜻하면 음탕한 마음이 생겨나고飽暖思淫慾, 춥고 배고프

면 도심이 일어난다飢寒發道心」는 것이다. 승려들에게 풍요로움이 결코 좋은 것이 아니라고 하셨다.

절약과 공금

이러한 생활을 하기 때문에 대부분 스님들에게는 절약정신이 철저하다. 일본에는 다음과 같은 말이 있다고 하시면서 글귀를 노트에 적으셨다.

烹茶老火因溫酒　　차 끓인 희미한 불로 술을 데우고
盥手餘波更灌花　　손 씻고 남은 물로 다시 꽃에 물 준다.

이 글은 차를 다 끓이고 난 후 점점 희미하게 힘을 잃어가는 잔불로 술을 데우고, 또 손을 씻은 물은 버리지 않고 꽃에 물을 준다는 의미이다. 비록 사소한 잔불과 손씻은 물이라 할지라도 조금도 허투루 쓰지 않는다는 것이다. 이러한 정신이 스님들에게 있다고 강조하셨다.

옛 스님들은 항상 "시줏물이나 사중돈을 쓸 때는 철공소의 시뻘건 쇳물을 마시는 걸로 알아라."라고 말씀하시곤 했다 한다. 이 말은 절약뿐만 아니라, 절약해서 모아진 절의 공공자산을 함부로 사용하면 안 된다는 엄격한 가르침이 아닐 수 없다.

인재와 겸손

서운암 토굴에 인재가 몰리고 있다

스님이 계시는 서운암 토굴에는 항상 찾아오는 사람들이 많다. 직업도 다양해 정치인, 기업가, 교수 들을 비롯해 각종 다양한 직업을 가진 사람들이 찾아온다. 그러므로 스님은 항상 바쁘다.

최근 민화반 회원들이 부쩍 늘었다. 그 중에는 대한민국미술대전에서 특선을 수상한 작가가 있는가 하면, 미술대학의 교수들도 있었다. 그리고 티벳어를 해석할 수 있는 불교학자가 서운암에 터를 잡았고, 식품영양학 전공인 C교수가 운영하는 버섯반에도 한학의 대가인 S교수가 가세했다. 이러한 분위기를 지켜본 한 회원이 "스님에게 인재가 몰려들고 있군요. 산 중 집현전

같습니다."라고 말을 건넸다.

숨은 인재란?

이 말에 스님은 그저 웃을 뿐 부정도 긍정도 하지 않았다. 그러시면서 「천병역득 일장난구千兵易得 一將難求」라는 글씨를 쓰셨다. 「천명의 군사는 얻기 쉬워도 한명의 장수는 구하기 어렵다」는 뜻이다. 이 말처럼 사람은 많으나 진짜 인재는 적으며, 그런 사람은 구하기도 어렵다고 하셨다. 그러자 한 회원이 "그렇다면 진짜 인재란 어떤 사람을 두고 말하는 것입니까?"라고 물었다. 이 말을 들은 스님은 『벽암록碧巖錄』에 「세상의 좋은 말은 채찍의 그림자만 보아도 달린다良馬見鞭追風千里」는 말이 있듯이 실력을 갖춘 자는 약간의 계기(기회)만 주어져도 스스로 실력을 충분히 발휘하는 사람이라 했다.

그러면서 「양가심장여허良賈深藏如虛」라는 글귀를 적으셨다. 이 말은 훌륭한 상인은 물건을 깊숙하게 감추어 언뜻 보면 아무 것도 없는 것처럼 보인다는 뜻이다. 진짜 실력 있는 사람은 실력을 숨기고 자랑하지 않는다고 하셨다.

이 말은 공자가 노자를 찾아와서 예禮에 관하여 가르침을 청하였을 때 한 말이다. 그때 노자는 다음과 같이 말했다.

"그대가 말하는 성현聖賢이란, 그 말을 한 사람과 뼈는 이미 썩어버리고, 남아 있는 것은 오직 말뿐이오. 하물며 군자들도 좋은 때를 만나면 마차를 타고 벼

슬을 하지만, 그때를 만나지 못하면 바람에 흔들리는 풀처럼 그렇게 멈추고 마는 것이오. 내가 듣기에,「훌륭한 장사꾼은 물건을 깊숙하게 감추어 언뜻 보면 아무 것도 없는 것처럼 보이듯, 군자는 고상한 품덕을 갖추고 있지만 겉으로는 어리석은 듯 보인다良賈深藏若虛, 君子盛德, 容貌若愚」라고 하였소. 그대의 교만과 욕심, 그리고 일부러 꾸며대는 그 태도와 부질없는 야망을 버리도록 하시오. 그것들은 그대 자신에게 아무런 도움이 되지 못할 것이오. 내 그대에게 말하려고 하는 것은 오직 이것뿐이오."

이 말을 들은 공자는 돌아와 제자들에게 노자를 평하기를 "새가 잘 날 수 있다는 것, 물고기가 헤엄을 칠 수 있다는 것, 짐승이 잘 달릴 수 있다는 것은 나도 잘 알고 있다. 달리는 놈은 그물을 쳐서 잡고, 헤엄치는 놈은 낚시로 잡을 수 있고, 나는 놈은 활을 쏘아 잡을 수 있다. 하지만 용龍에 대해서 나는 잘 알지 못하는데, 용은 바람을 타고 하늘을 오른다고 한다. 나는 오늘 노자를 만났는데, 그는 마치 용과 같았다."고 했다고 한다.

스님은 하나만 알아도 열 개를 아는 것처럼 떠드는 사람이 있는데, 이를 절에서는 쉬운 말로「안다리 박사」라고 하고, 또 어려운 문자로는「자고병自高病 환자」라고 한다. 이러한 사람들이 세상에는 너무 많다는 것이다. 그러나 참된 인재는 아무 것도 없는 것처럼 보이는 겸손의 덕목을 갖추고 있다. 이를 불교에서는「진광불휘眞光不輝」라 하는데, 참된 빛은 빛나지 않는다는 뜻이다. 마치 그것은「맹수은조猛獸隱爪」라는 말처럼 사나운 맹수가 날카로운 발톱을 드러내지 않는 것처럼 참된 명인은 뛰어난 재능을 감추고 잘 나타내지 않는다. 여기에 어울리는 말이『명심보감』의「존심편」에 있다고 하시면서 붓을 들어 다음과 같은 글귀를 적으셨다.

江海雖左 長於百川以其卑也　　강과 바다가 비록 아래에 있으나 백 줄기
　　　　　　　　　　　　　　　냇물보다 긴 것은 그것이 낮기 때문이다

이 말은 강과 바다가 하천의 으뜸인 것은 자기를 낮추었기 때문이라는 것이다. 즉, 낮게 위치해 있음으로써 모든 실개천의 물을 담을 수 있다는 것이다. 『명심보감』에서는 그 말 앞에 「군자는 세상에 자기보다 뛰어난 사람이 많음을 알기에 겸손하며, 많은 사람들 중에는 자기보다 뛰어난 사람이 많음을 알기에 함부로 자기를 내세우지 않는다. 온화하고 공손하며 진지하고 덕을 베풀어 사람들로 하여금 우러러 보게 한다君子知天下之不可一者, 故下之, 知衆人之不可先也, 故後之. 溫恭愼德, 使人慕之」는 문장이 있다. 참된 인재는 겸손할 뿐만 아니라 「온공진덕溫恭愼德」을 행하는 자이므로, 많은 사람들이 그를 따른다는 것이다.

이렇게 설명한 후 스님은 옛 사람들은 "군자는 스스로 낮추어 덕목을 기르라"라는 뜻으로 "군자君子는 비이이자목卑以而自牧하라."고 하였으며, 이와 똑같은 의미로 불교에서는 "하심下心은 만복을 받는다."고 강조한다고 하셨다. 그러면서 그것에 관련하여 『법화경』에 나음과 같은 매우 흥미로운 이야기가 있다고 하시면서 소개하셨다.

옛날에 상불경常不輕이라는 비구가 있었는데, 그는 어떤 사람이든 만나는 사람마다 예배하고 찬탄하기를 "나는 그대들은 깊이 공경하나니 그대들은 보살

도를 행하여 마땅히 성불할 것이다."고 했다. 그는 경전을 열심히 읽거나 외우는 것도 하지 않고, 다만 예배만을 행하는데, 멀리서 4부 대중을 보더라도 예배 찬탄하면서 똑같은 말을 되풀이했다. 그 중에 그 말을 듣고 화를 내어 나쁜 말로 꾸짖고 욕을 하여도 성도 내지 아니하고 항상 말하기를 "그대들은 마땅히 성불하리라."고 하였다. 또 나뭇가지나 돌을 던지면 피하여 달아나 멀리 떨어진 뒤, 음성을 높여서 외치기를 "나는 감히 그대들을 경멸하지 않노라. 그대들은 다 마땅히 성불하리라 我不敢輕於汝等 汝等皆當作佛"라고 했다. 그리하여 모든 사람들은 그를 「상불경」이라 하였다.

「상불경」이란 항상 상대를 가볍게 여기지 않는다는 의미이다. 참된 인재는 뛰어난 실력을 갖추고 있으면서도 스스로 자신을 드러내지 않고, 신분과 학력을 초월하여 모든 사람을 차별 없이 대하며 공경할 줄 아는 사람이라고 정의를 내리셨다.

참된 인재는 시간이 갈수록 빛난다

스님의 말씀은 이어졌다. 이번에는 다음과 같은 제법 긴 글귀를 쓰셨다.

白玉投於泥塗　　백옥은 진흙 속에 던져도,
不能汚穢其色　　그 빛을 더럽힐 수 없고
君子行於濁地　　군자는 혼탁한 땅에 가더라도

不能染亂其心	그 마음을 어지럽게 물들일 수 없다
故로	그러므로
松柏可以耐雪霜	송백은 서리와 눈을 견디어 내고
明智可以涉危難	현명하고 지혜로운 사람은 위난을 건널 수 있느니라.

이렇게 적으시고는 유교에서는 군자란 어떤 환경에 처하더라도 자신을 지켜가며 빛을 잃지 않는 인물이라 하지만, 불교에서는「처염상정處染常淨」이라 하여 더러운 진흙 속에 자라면서도 언제나 맑고 깨끗하게 피어나는 연꽃에 비유하셨다. 그러한 인물은「강남유조江南有鳥 불비불명不飛不鳴 일비충천一飛衝天 일명경인一鳴驚人」과 같다고 하셨다. 즉, 그 뜻은「강남에 한 마리 새가 있는데 날지도 울지도 않는다. 그러나 한번 날면 하늘을 찌르고 한번 울면 사람들을 놀라게 한다」는 것이다. 즉, 참된 인재는 한 번 일을 시작하면 사람들이 깜짝 놀랄 정도로 큰일을 해낸다는 것이다.

스님이 쓰신 말에는 약간의 해설이 필요할 것 같다. 그 말은 초나라 장왕莊王을 두고 한 말이다. 장왕이 젊어서 왕위에 올라 3년이나 지나도 정사에 관심을 두지 않고 매일 사냥과 연회만 일삼았다. 게다가 "자신이 하는 일에 참견하는 자가 있으면 즉시 사형에 처한다."는 포고령도 내린 상태이었다. 그러므로 이를 보고 어느 누구도 감히 직언을 하는 사람이 없었다.

바로 그때 오기伍擧가 찾아와서 말하기를 "언덕 위에 한 마리 새가 있는데, 3년이 지나도 날지도 울지도 않습니다. 혹시 왕께서는 이것이 어떤 새인지 아십니까?" 하고 수수께끼를 내었다. 이 말은 장왕을 3년 동안 날지도 울지도 않는 새라고 비유한 것이었다. 이 말은 들은 장왕은 "이 새는 날지 않으면 그만이지만 한 번 날았다 하면 하늘을 찌를 듯이 높이 날아오르고, 울지 않으면 그만이지만 한 번 울었다 하면 사람들을 놀라게 할 것이다此鳥不飛則已 一飛沖天 不鳴則已 一鳴驚人"라고 대답했다.

그 뒤로도 장왕은 여전히 향락을 그치지 않았다. 그러자 이번에는 보다 못한 대부 소종蘇從이 찾아와 오거처럼 에둘러 말하지 않고 직설적으로 폐부를 찌르는 직언을 서슴지 않았다. 이에 장왕이 "내가 영을 내렸던 것을 듣지 못했는가?"고 하자, 소종이 "이 한 몸 죽어 임금을 깨우치는 것이 신이 바라는 바입니다."라고 대답했다. 이 말을 들은 장왕은 왼손으로 소종의 손을 잡고 오른 손으로 칼을 뽑아 종과 북의 끈을 잘라 버리고 연회를 멈추었다. 사실 장왕의 3년간 펼쳐진 성대한 연회는 목숨을 걸고 직언하는 충신이 나타나기를 기다렸던 것이다. 특히 오거의 직언은 운치가 있다. 이를 흔히 「가탁의 법」이라 한다.

두 명의 충신을 얻은 장왕은 즉각 연회를 멈추고 손숙오孫叔敖를 재상으로 앉히고, 간신 수백 명을 주살하고 또 수백 명의 새로운 인재를 등용했다. 또한 오거와 소종에게 정무를 맡기니 나라 사람들이 크게 기뻐했다고 한다. 3년간 날지도 울지도 않았던 강남의 새가 하늘을 찌를 만큼 높이 날아 사람들을 놀라게 하였던 것이다. 이를 다르게 표현하면 「대인호변大人虎變」이라 한다. 호랑이는 가을이 되어 털갈이를 하면 색채가 선명하고 아름답다고 한다. 이처럼 큰 인물은 시기가 오면 마치 호랑이가 변하듯이 자신은 물론 세상을 훌륭하고 선명하게 변화시킨다는 것이다. 이러한 고사를 스님은 인재의 자질에 비유하여 말씀하신 것이었다.

참된 인재는 사향과 같다

스님의 인재론은 계속되었다. 인재의 주머니 속 송곳은 결국 주머니 밖으로 삐져나올 수밖에 없다는 「낭중지추囊中之錐」란 말과 같이 어디를 가더라도 결국 그 능력이 드러날 수밖에 없다고 하면서 송나라 승려 야부도천冶父道川(1127-1180)이 지은 선시에도 그와 유사한 내용이 있다고 하시면서 다음과 같은 내용을 노트에 적으셨다.

蚌腹隱明珠	조개 속에는 진주가 숨어 있고,
石中藏碧玉	돌 속에 벽옥이 들어있듯이
有麝自然香	사향을 지니면 저절로 향기로운데
何必當風立	구태여 바람 앞에서 설 필요가 있겠는가.

이 선시의 뒷부분 「사향을 지니면 저절로 향기로운데, 구태여 바람 앞에서 설 필요가 있겠는가有麝自然香 何必當風立」는 『명심보감』의 「성심편」에도 나오는 내용이다.

여기서 사향이란 수컷 사향노루의 복부에 있는 향낭을 잘라 말린 것으로 중국 남북조 시대의 의학자이자 도사인 도홍경陶弘景(454-536)은 「사향은 악을 물리치며, 머리 밑이나 베개에 넣어두면 악몽 및 귀신을 쫓는다」고 하였고, 명나라 이시진李時珍(1518-1593)의 『본초강목本草綱目』에 의하면 「그 향기가 멀리까지 난다」고 했다. 원래 고명한 인품을 지닌 참된 인재라면 저절로 향기가 날 것이니, 무리한 수단을 써서 자신을 드러낼 필요가 없다는 말이다.

이 즈음에 이르러 스님은 「용장은 지장보다 못하고勇將不如智將 지장은 덕장만 못하다智將不如德將」라는 글씨를 쓰시더니 『손자병법孫子兵法』에 장수를 용장勇將, 지장智將, 덕장德將으로 나누는데, 그 중 덕장이 가장 으뜸이라고 했다. 그러자 한 회원이 "스님 요즘은 덕장보다 복장이 최고랍니다. 그리하여 「덕장은 복있는 장수보다 못하다고 하여 「덕장불여복장德將不如福將」이라고 합니다. 이 소리를 듣고 모든 사람들이 한 바탕 크게 웃었다.

이같이 스님의 참된 인재는 뛰어난 능력과 자신을 스스로 낮추는 겸손함 그리고 타인을 공경하는 마음 등 도덕적 수양을 겸비한 사람이었다. 이러한 결론을 얻으니 문득 『근사록近思錄』의 「위학편爲學編」에 있는 다음과 같은 글귀가 떠올랐다.

聖人之道	성인의 도는
入乎耳存乎心	귀로 들어 가서 마음에 새긴다.
蘊之爲德行	그것을 쌓아 올리면 덕행이 되고
行之爲事業	그것을 행하면 업적이 된다.
彼以文辭而已者陋矣	저 문사文辭만을 따지는 자는, 천박한 자이다.

위의 말처럼 성인의 도는 문장으로 따질 일이 아니다. 그것은 귀로 듣고 마음으로 새기는 것이다. 그것이 쌓여지면 덕행이 되고, 그것을 행하는 것이 곧 군자이요 성인이다. 참된 인재란 이런 사람을 두고 말하는 것이 아니겠는가?

이같이 강조하시더니 "이제 밥하러 안가나?" 하시면서 다락방을 나서 토굴로 내려가셨다.

참된 용기와 실천

오늘 J선생이 강의를 마시고 다락방에 들러 차를 마셨다. J선생은 동국대학교에서 「불교와 차」라는 과목을 맡고 계시는 분이다. 그 강의는 우리 회원들에게도 꼭 필요하다고 여겨 같은 주제로 강의를 부탁드려 어렵게 모신 분이다.

이때 스님도 들어오셨다. 그리하여 3명이 차를 마시며 자연스럽게 다담이 이루어졌다. 그때 나는 J선생에게 "선생님. 대학과 달리 우리 회원들에게 교육하시는 데 어려움은 없었습니까?" 하고 조심스럽게 물었다. 그러자 J선생은 "질문이 많았습니다. 그 중에는 제가 대답할 수 없는 것들도 있어 무척 당황했습니다."고 말하는 것이었다. 이 말을 들은 나는 주제넘게 "선생이라고 해서 모든 것을 알고 있는 신神은 아닙니다. 모르는 것은 모른다고 하는 것이 좋을 것 같습니다. 그것은 전혀 부끄러운 일이 아니며, 다음 시간에 공부하여 알려주면 됩니다." 하며 어느덧 선배의 입장에서 말을 뱉어내고 말았다. 아차! 실수했구나하며 후회했으나, 이미 때는 늦었다. 이 말을 스님은 조용히 들으시더니 다음과 같은 이야기를 꺼내셨다.

옛말에「화소조가접무花笑鳥歌蝶舞」라는 말이 있다. 이는 꽃은 웃고, 새는 노래 부르고, 나비는 춤을 춘다는 뜻이다. 그런데 새들 중에 제비가 말을 한다는 의미의「연어燕語」라는 말이 있다. 제비가 노래한다는「연가燕歌」라는 말은 없다. 이처럼 사람들은 새들 가운데 인간과 가장 가까운 곳에서 사는 제비를 말하는 새로 보았다. 그렇다면 제비는 어떤 말을 할까? 이렇게 말씀하시고는 제비의 말을 노트에 다음과 같이 적으셨다.

知之者知之　　　아는 것은 안다 하고,
不知者不知　　　모르는 것은 모른다고 하는 것이
是爲知之之道也　제대로 아는 도리이다.

선인들은 단순히 제비가 지저귀는 소리를 '지지배배'로 듣지 않고 "지지자지지知之者知之 부지자부지不知者不知 시위지지지도아是爲知之之道也(아는 것을 모른다 하고, 모르는 것을 안다고 하는 것은 도리가 아니다)"는 것을 깨우치는 소리로 들었다. 그러므로 모르는 것을 모른다고 말하는 것이 진정한 용기이다. 이렇게 말씀하시고는 또 하나의 글귀를 적으셨다.

非知之難而行之難　아는 것은 어렵지 않으나 행하기가 어렵다

이 말처럼 스님은 우리에게 배워서 아는 것도 중요하나 무엇보다 배운 것을 실천하는 것이 더욱 중요하다는 것을 강조하고 싶으신 것 같았다. 그리고는 "이제 밥하러 가이소." 하시면서 연구실 문을 나서 저녁 공양하시러 토굴로 내려가셨다.

스님이 하신 「아는 것은 어렵지 않으나 행하기가 어렵다」는 말은 당태종 이세민李世民이 지은 『제범후서帝範後序』에도 나온다. 그것에 의하면「 아는 것이 어려운 것이 아니라 행하는 것이 어렵고非知之難, 惟行之不易, 행하게 하기는 가능해도 끝까지 하게 하기는 어렵다行之可勉, 惟終實難. 폭군은 악의 길만 아는 것이 아니고是以暴亂之君, 非獨明於惡路, 성군은 착한 길만 아는 것이 아니니聖哲之主, 非獨見於善途 그것은 바른 길은 멀고 따르기 어려우나良由大道遠而難遵 그릇된 길은 가깝고 걷기 쉽기 때문이다邪俓近而易踐. 소인배는 쉬운 지름길을 걷고小人俯從其易, 힘이 들고 어려운 바른 길을 걸으려 하지 않으니不得力行其難 화를 부르고故禍敗及之, 군자는 어렵고 힘든 길을 가며君子勞處其難 편의를 찾지 않으니不能力居其力 복이 스스로 찾아온다故腹慶流之,」는 내용이 있다.

우리 사회에 배우는 노력도 부족하여 아는 것도 적고, 설사 아는 것이 있다 하더라도 그것을 실천하지 않거나, 실천한다 하더라도 끝까지 해내는 것이 적은 경우가 다반사이다. 이러한 점에서 제비가 말하는 소리의 의미와 스님의 글귀는 우리에게 경종을 울리는 말이 아닐 수 없다.

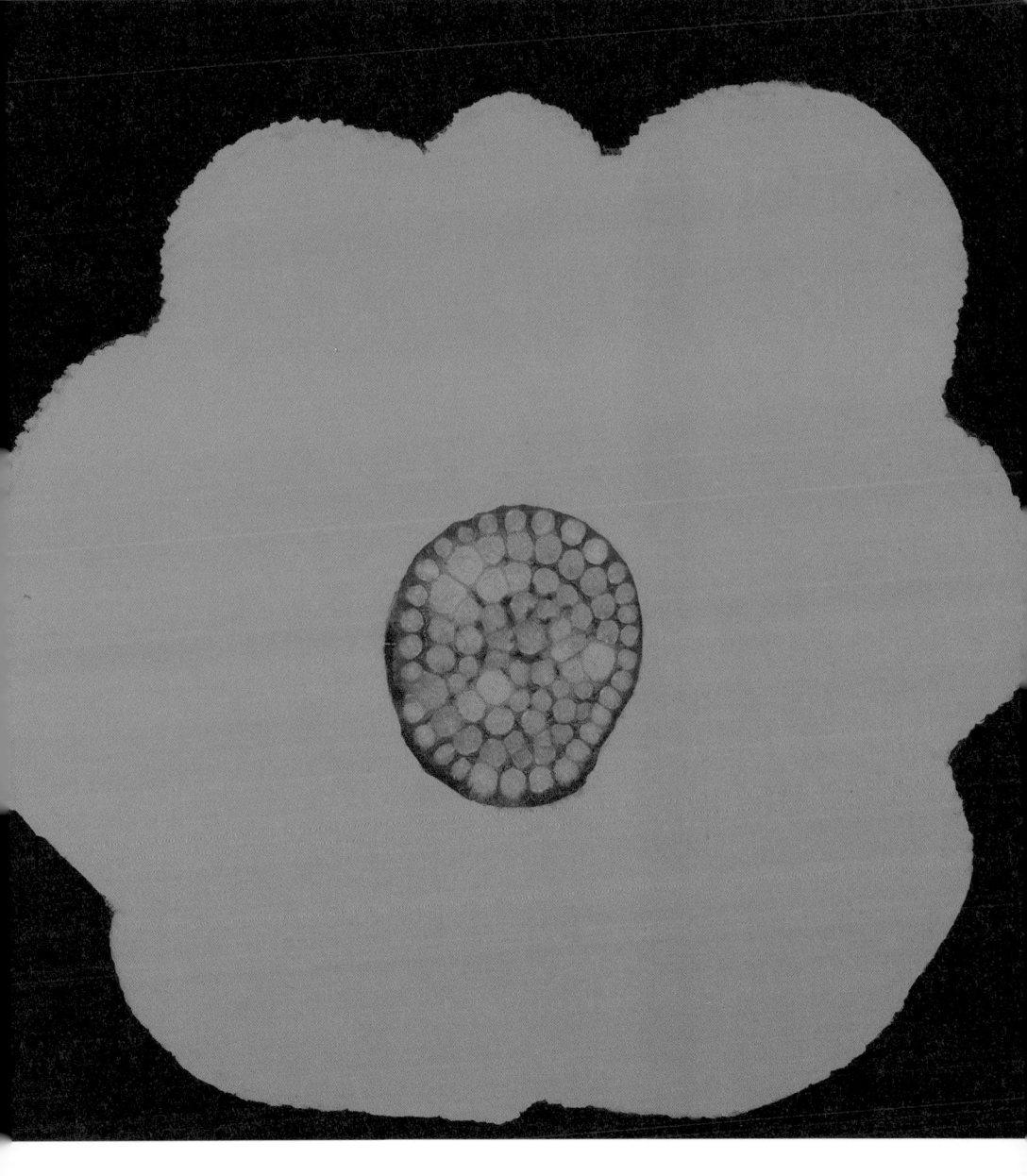

문수理判와 보현事判

역자교지

옛날 말에 역자교지易子教之란 것이 있다. 『맹자孟子』에 나오는 말이다. 그것에 의하면 제자 공손추公孫丑가 스승인 맹자에게 물었다. "군자가 자기 아들을 직접 가르치지 않는 것은 어떤 이유에서입니까?" 그러자 맹자는 다음과 같이 대답했다.

형편이 그렇게 될 수 없기 때문이다. 가르치는 자는 반드시 바른 도리로써 가르치려고 하는데, 바른 도리로써 가르쳐도 자식이 바른 도리를 행하지 않으면 노여워하게 되고, 노여워하게 되면 도리어 부자간의 정리가 상하게 된다. 그러면 자식도 부모에 대해서 생각하기를, "아버지께서 나를 바른 도리로 가르치시지만, 아버지 자신의 행실도 반드시 바른 도리에서 나오지는 않는다."고 할 것이다. 이것은 부자간에 서로 의가 상하게 하는 것이 되니, 옛날에는 자식을 바꾸어 가르쳤다. 부자간에는 선하라고 꾸짖지 않는 법이다. 선하라고 꾸짖으면 떠나고, 떠나면 그보다 더 큰 불행이 없다.*

이처럼 아무리 훌륭해도 자기 자식은 못 가르친다는 교훈이 담긴 일화이다. 즉, 역자교지란 자기 자식을 직접 가르치면 부자지간에 서로 노여움이 생기고 감정이 상하게 되는 등 폐단이 많아지므로 다른 사람과 서로 자식을 바꾸어 가르친다는 뜻으로 사용되는 말이다.
스님은 그러한 풍속이 우리에게도 있었다 하며 다음과 같은 이야기를 우리에게 하셨다.

옛날 우리나라에 한 선비가 살았다. 그도 아들을 친구에게 맡겨서 가르치게 했다. 아들이 명절 휴가를 받아 집으로 돌아왔다. 그때 아버지는 논에 구멍을 내어놓고, 물이 빠지도록 만들었다. 아들을 보고 논에 물을 보고 오라고 시켰다. 아들이 논에 가자 물이 새는 것을 보고 밑에서 구멍을 털어 막았다. 그러나 이내 구멍은 터져버렸고, 또 막으면 또 터져 버렸다. 이러기를 몇 번이나 반복하는 바람에 집으로 돌아갈 수 없었다.

---

* 『孟子』의 「離婁章句上」 18篇: 勢不行也. 教者 必以正 以正不行 繼之以怒 繼之以怒 則反夷矣. 夫子 教我以正 夫子 未出於正也 則是父子相夷也 父子相夷則惡矣. 古者 易子而教之. 父子之間 不責善 責善則離 離則不祥 莫大焉

이를 알아챈 아버지는 머슴을 시켜 어떻게 하고 있는지를 알아보라고 했다. 머슴이 가서 보니 아니나 다를까 예상대로 밑에서 구멍을 털어 막고 있었다. 이때 머슴은 위에서 손을 휘저어 흙탕물을 일으키고는 그것을 지켜보았다. 그러자 그 물이 구멍으로 빠지는 것을 보고, 흙 한줌을 지어 위에서 구멍을 막았다.

이를 본 아들은 감탄했다. 둘이서 집으로 돌아가 지금까지 일어났던 사정을 아버지에게 보고를 하였다. 이를 들은 아버지는 아들에게 그것에 대해 글로 어떻게 표현할 수 있겠는가 하자, 아들은 곧 붓으로 "범치수자凡治水者는 선치기원先治其源이요."라 답했다. 즉, 무릇 물을 다스리는 자는 먼저 그 근원부터 다스려야 한다는 뜻이다. 이처럼 아들은 학문으로는 그것을 잘 알고 있었다. 그러면서 그것을 실제의 현장에서 써먹지 못했던 것이다.

이판과 사판

절 집안에서 이판理判과 사판事判이 있다. 이론을 추구하는 자가 이판승이라 하고, 절의 살림을 도맡아서 처리하는 자는 사판승이다. 그런데 이판과 사판을 모두 다하는 승려를 이사무애理事無碍라 한다. 이사무애를 다른 말로 표현하면 출장입상出將入相이라 한다. 전장에 나가면 장수가 될 수 있고, 돌아오면 재상이 될 수 있다는 뜻이다. 즉, 문무가 모두 겸비해 있다는 의미이다.

이를 불교적으로 들어가면 문수와 보현이다. 부처님의 좌우 보처에 문수와 보현이 있다. 문수는 지혜의 상징이고, 보현은 행위의 상징이다. 그렇다면 문수는 이판이고, 보현은 사판인 셈이다. 다시 말해 문수와 보현은 지智와 행行이다. 부처는 그들의 중앙에 있으면서 때에 따라 문수를 쓰고, 보현을 쓴다. 문수와 보현을 다 가지고 있는 부처는 지행합일知行合一의 상징이다. 이처럼 겉으로 드러난 것은 문수와 보현이 따로 독립되어있으나, 사람의 신체에 붙어있는 오른팔과 왼팔은 같은 존재이므로 결국은 하나이다.

자신이 부처이다

불교는 부처가 따로 있는 것이 아니라 자신이 부처임을 깨닫게 하는 종교이다. 양나라 무제 때의 부대사傅大士(497-569)가 다음과 같은 게송을 남겼다.

夜夜抱佛眠	밤마다 부처를 안고 자고
朝朝還共起	아침마다 함께 일어나네
起坐鎭常隨	앉으나 서나 늘 따라 다니고
語默同居止	말할 때나 안 할 때나 함께 있으며
纖毫不相離	털끝만치도 서로 멀어지지 않으니
如身影相似	몸에 그림자 따르듯 하는구나.
欲識佛去處	부처가 간 곳 알고자 할진댄
只這語聲是	다만 말하는 자가 바로 부처이로다.

이 게송은 바로 자신이 부처라는 것이다. 어리석은 자는 부처를 보아도 당연히 모르고, 안고 다녀도 모르고 옷자락에 사주어도 모르고 손에 쥐어 주어도 모른다. 이러한 사람들과 대화하려면 「욕설상심막설의欲說傷心莫說宜」 즉, 말을 하고자 하면 마음이 상하기만 하고, 차라리 말을 하지 않는게 낫다는 의미이다. 스님은 이러한 사람들을 만나면 어찌할 수 없어 그저 웃고 만다고 하신다.

이렇게 말씀하시고는 스님은 이어서 "우리의 몸에 붙어 있는 오른팔과 왼팔이 문수와 보현이라면 부처는 어디에 있는가? 바로 자신에게 있다. 주관도 객관도 모두 나에게 있다. 바로 자신에게 있다. 그것을 깨닫는 것이 무엇보다 중요하다. 이것이 불교의 매력이다. 이것을 깨닫는 순간 자기 자신이 얼마나 중요한 존재인가를 알 수 있을 것이다. 그렇다고 해서 스스로 잘났다고 자만심으로 가득 차서는 안 된다. 이것은 자고병自高病이다. 그러한 것이 아니라 아무리 하심할지라도 자존심은 하늘을 찌르고도 남음이 있어야 한다."고 힘주어 말씀하셨다. 이는 자신이 아무리 미천한 몸이라 할지라도 부처가 될 수 있는 귀중한 몸이라는 사실을 알아야 한다는 뜻이기도 하다. 오늘은 자신이 보배인 줄 모르고 바깥에서만 보물을 찾으려는 어리석은 자들을 깨우치는 법문으로 마감을 하셨다.

평등공양과 차등보시

　오늘 월요반의 1학기 마지막 강의가 있었다. 회원들은 도시락을 준비하여 교실에서 간소한 종강파티를 열었다. 스님도 여기에 의미를 두셨는지 참석하시어 회원들과 함께 점심공양을 드셨다. 이때 회장과 총무가 특별히 신경을 써서 깔판을 깔고 그 위에 도시락과 찻잔을 놓았다. 스님은 한동안 말없이 천천히 음식을 드시고는 이렇게 말씀하셨다.
　절에서는 「평등공양平等供養」이라는 말이 있다. 이 뜻은 절에 사는 노스님이나 새롭게 들어온 어린 스님에게도 평등하게 공양한다고 하셨다. 여기에 어떤 차별이 있어서는 안된다는 것이다. 아마도 다른 회원들과 달리 특별취급을 받는 것에 대해 부담을 느끼신 모양이다. 스님은 잠시 침묵하시더니 이번에는 직접 노트에다 다음과 같은 구절을 적으셨다.

春色無高下　　봄빛은 높고 낮음이 없으나
　　花枝自長短　　가지는 스스로 길고 짧음이 있다

　이 말은 『금강경오가해金剛經五家解』에 나오는 구절인데, 그 뜻은 봄빛이 차별 없이 세상을 두루 비추는 것처럼 불성은 평등하지만, 사람의 덕성은 각자 노력 여하에 따라 높기도 하고 낮기도 한다는 뜻이다.
　마치 이 말은 『관자管子』의 「형세해편形勢解篇」에 비바람은 「지극히 공평하고 사사로움이 없고至公而無私」 「고향이 없어 원망과 분노가 일어나지 않는다無鄕而怨怒不及也」는 말을 연상시킨다. 다시 말해 부처님의 가르침도 높고 낮음의 차별 없이 모든 이에게 두루 비추나, 이를 받아들이는 것은 개인에 따라 각기 다르다고 설명하셨다.
　스님의 풀이는 이어졌다. 그 말은 인과응보因果應報와도 통하는 말이다. 옛말에 "콩 심은데 콩나고 팥 심은데 팥난다种瓜得瓜, 种豆得豆"라는 말이 있듯이 차별이 있는 것은 반드시 그것에는 이유가 있다. 그러므로 외면으로는 차별로 보이지만, 그것은 차별이 아니다.
　한 번 더 알기 쉽게 설명하면 회사 간부 월급과 신입사원의 월급은 다르다. 월급이 똑 같아야 차별 없는 것으로 생각할지 모른다. 그러나 그것을 차별을 두어 대우히는 깃은 각자 경험과 재능이 다르기 때문이다. 그에 따라 결정지어지기 때문에 차별에는 이유가 있는 것이다. 만일 높은 가치를 가지고 있는 사람을 그만한 대우를 해주지 못하면 그것도 차별이 된다. 또 그와 반대의 경우도 마찬가지이다. 그러한 사정을 전혀 고려하지 않고, 모두 동일하게 취급하면 그것은 평등이 아닌 것이다. 그러므로 평등은 곧 차별이요平等即差

別, 차별은 곧 평등이다差別卽平等는 말이 성립되는 것이다. 이것이 서양의 차별과 다른 불교의 차등이다.

  이렇게 설명을 하시고는 숨을 한 번 고르신 후 이를 절에서는 월급이라는 용어를 사용하지 않고 「보시」라는 용어를 사용하는데, 이를 절에서는 「차등보시差等布施」라고 하는데, 흔히 이 말은 흔히 스님들에게 급여나 거마비車馬費 등을 지불할 때 사용하는 말로, 그때 각기 맡은 소임의 경중을 따져 차등을 두어 지불하고 있다고 하셨다. 이처럼 절에서는 「평등공양」과 「차등보시」라는 생활 법도가 있으니, 다음에 여러분들과 함께 공양 시에는 자신만 특별히 취급하지 말고 평등하게 해달라고 당부하셨다.

통도사의 용왕재

통도사의 풍수지리 전쟁

팔도승지금지석

우운대사의 모친 묘소

통도사의 수미단에는 인어가 산다.

호혈석과 명태국

용악스님과 구하스님

감나무를 베고 닥나무를 심는 이유

보경호의 유래

6

통도사의 역사 민속

통도사의 용왕재

통도사의 용왕재

집에서 저녁을 먹고 잠시 쉬고 있는데, 스님으로부터 전화가 왔다. 내일 아침 단오 용왕재를 지낸다는 것이었다. 통도사 용왕재는 오래전부터 보고 싶었지만 바쁘게 시간을 보내다 보니 그 동안 깜빡 잊고 있었다. 이런 마음을 헤아리셨는지 고맙게도 전화로 알려주신 것이었다. 다음날인 6월 10일 아침 일찍 통도사로 달려갔다. 아침 7시경에 도착하여 경내를 둘러보니 대웅전, 구룡지, 산령각, 금강계단 사이 공간에 스님들에 의해 여러 개의 소금단지가 놓이고 있었다.

용왕재 내용

용왕재는 경내 설법전에서 거행되었다. 본존불의 위치에서 보면 중앙의 좌측에 제단이 차려져 있고, 그곳 중앙에는「나무 제대용왕대신, 나무 삼주 호법 위태천신, 나무 영축산중구룡신지 용왕대신 南無 諸大龍王大神, 南無 三州護法 韋駄天神, 南無 靈鷲山中九龍神池 龍王大神」이라고 적힌 위패가 안치되어 있다. 이로 보아 여러 용왕과 함께 통도사 구룡지에 사는 용왕, 그리고 전쟁을 수행하는 군신 위태천을 모셨다.

이날 법회는 조계종 종정 성파 대종사, 통도사 주지 현덕 스님을 비롯한 다수 스님들과 신자들이 참석한 가운데 봉행됐다.

제일 먼저 염불원장 영산 스님을 비롯한 염불원 스님들에 의한 바라춤과 염불로 마무리를 했다. 그런 연후에 사중의 대표로서 성파스님의 말씀이 있으신 후 스님들이 일렬로 서고, 그 뒤를 신자들이 서서 대웅전 옆 구룡지와 경내 일대를 돌며 화재 안전을 기원했다. 그리고 마무리로 현덕스님의 인사말이 있었다.

그 행렬의 선두에는 영산스님이, 그 뒤에 용왕의 위패를 든 스님이, 그 뒤에는 스님들이 따라 가면서 염불을 외웠다. 이러한 행렬이기 때문에 위패에 모셔진 용신과 위태천이 함께 일행들과 함께 퍼레이드를 벌인 셈이나. 그리고 나서 스님들은 법회에 참석한 모든 불자에게「항화마진언」이 적힌 소금 봉투를 배포했다. 그 이후 각 선각에 올려둔 소금단지가 새것으로 교체되었다.

기원과 통도사의 용신

통도사 용왕재는 언제부터 시작되었는지 명확하지 않다. 자장율사의 창건 때부터 내려오는 전통이라는 설이 있지만, 확인할 길이 없다. 한편 구전에 임란 당시 통도사 전각이 소실되었는데, 대광명전만은 화마를 피했다. 연유를 살펴보니 대광명전 내부에 다음과 같은 게송이 적혀 있었다. 그 내용은 다음과 같다.

吾家有一客	우리 집에 한 분의 손님이 계시니
定時海中人	필시 바다 속에 사는 사람이라
口吞天漲水	입에는 하늘에 넘치는 물을 머금어
能殺火情神	능히 불의 정신을 소멸할 수 있다네.

그 이후 통도사는 각 전각마다 소금 단지를 올려놓았고, 단오에 맞춰 교체하는 전통이 생겼다는 것이다. 또 다른 설명도 있다. 통도사 대광명전은 1756년에 화재로 전소되었다가 2년 뒤 중건하면서, 내부 천장 아래「항화마진언 抗火魔眞言」을 적어 화마의 침범을 막기 위한 간절함을 담았다. 이 무렵부터 각 전각에 소금단지를 올리는 의식이 이어졌고, 그 과정에 창건설화와 관련된 용왕재를 올리게 된 것이라 한다.

이 중에서 어느 것이 사실인지 알 수 없다. 어느 것을 선택하든지 통도사 용왕재는 오랜 기간 동안 전통으로 이어져 온 단오절 행사임에 틀림없다. 소금봉투에 적힌「항화마진언」은 바로 이상의 게송이다. 여기서「천창수天

漲水」란 하늘에 넘치는 물, 즉, 비를 말하는데, 용이 비를 내려 화재를 막아낸 다는 의미다.

그렇다면 통도사의 용왕재에 모셔진 용왕은 어떤 존재인가? 무엇보다 통도사는 창건 때부터 용신과 관계가 깊다. 『통도사사리가사사적약록通度寺舍利袈裟事蹟略錄』에 의하면 통도사 자리에는 원래 큰 연못이 있었는데, 그곳에 아홉 마리의 독룡이 살면서 백성들에게 해를 끼쳤다. 646년 자장율사가 이러한 독룡들을 교화하여 날아가게 했고, 연못을 메운 후 그 위에 통도사를 창건했다고 한다. 9마리 용 가운데 5마리는 오룡동五龍洞으로, 3마리는 삼동곡三洞谷으로 날아갔는데, 오직 한 마리만이 남아서 터를 지키겠다고 굳게 맹세하였으므로 자장율사는 그 용의 청을 들어 통도사에 남도록 했다고 한다. 아마도 위패에 적힌 「제용왕대신諸大龍王大神」과 「영축산중구룡신지 용왕대신靈鷲山中九龍神池 龍王大神」은 이러한 9마리 용을 가리키는 것으로 생각된다.

화재막이로서 소금신앙

민간의 소금신앙

화재방지의 민속으로서 소금을 사용하는 민간의 예는 많다. 이를 "불맥이"라 하는데, 경기, 충남과 전북, 경북 등지에서 보이는데, 정월에 행한다. 방법으로는 크게 두 가지 있다.

하나는 집 주위 또는 지붕에 소금을 뿌리는 행위이다. 경기도 여주에서는 토정비결을 봐서 가족 중에 화재수가 있는 사람이 있을 경우 소금물을 지붕에 뿌리고, 충남 예산 지역에서는 정월 열나흗 날 굴뚝에 소금을 뿌리고, 전북 전주에서는 열나흗 날 저녁 지붕에 소금을 뿌린다. 전북 전주에서는 보름날 새벽 쌀뜨물을 바가지에 담고 가족의 수만큼 숟가락을 담가서 집을 빙 돌아 뿌리며 "화재맥이 허자, 화재맥이 허자" 하고 다닌다. 그리고 전북 완주에서도 대보름날 아침 집주위에 소금을 뿌리고, 전북 진안에서는 집안에 화재수가 들면, 쌀뜨물에 소금을 섞어서 지붕 위에 끼얹는다. 전남 구례에서도 불귀신이 들어오지 못하도록 지붕에 소금물을 뿌린다.

또 하나는 소금을 묻는 경우이다. 이러한 사례는 충남 논산 양촌리 소금단지 묻기, 충북 단양 두악산 소금무지제, 전남 함평 대전리 불막이제, 경북 포항 북송리 불막이제, 대구 달성군 조왕제, 경북 칠곡 석우리 소금고사 등이 있다.

대구시 달성군에서는 조왕이라 하여 부엌 큰솥 뒤 홈을 파고 사기 주발을 엎어 놓거나 부엌 출입구 위 지붕에 소금 주머니를 묻어 놓는다. 경우에 따라서는 부엌 출입구 위에 간수(소금물)가 담긴 병을 걸어 놓는 것도 있다.

경북 칠곡군 가산면 석우리에서는 화봉火峯 혹은 소금재봉鹽峯이라고 하는 곳에 묻어 둔 소금 단지에 3년마다 한 번 씩 소금을 갈아 넣어 마을의 화재를 방지한다. 이것의 유래에 대해 다음과 같은 전설이 있다.

석우리 마을에는 매년 화재가 발생해 주민들이 항상 불이 나지 않을까 전전긍긍하였다. 어느 날 한 고승이 마을을 지나다가 주민들의 고민을 듣고 보름날 마을 앞산 위에 소금단지를 묻고 간절히 빌면 화재를 막을 수 있을 것이라고 일러주었다. 주민들은 2년마다 정월 대보름날 화봉 정상에 땅을 파고 소금단지를 묻었고, 그 뒤부터는 마을에 큰 불이 일어나지 않게 되었다.

이 고사는 2년마다 음력 대보름날 달이 떠오르기 전에 산 위에 설치던 소금 단지에 소금을 갈아 넣어야 동네에 화재가 나지 않는다고 한다. 그리고 매우 독특하게 제의를 치르는데, 먼저 화봉 정상에 소금을 묻고 난 뒤 짚단에 불을 붙여 '불이야' 하고 세 번 외친다. 풍물을 치며 신호를 기다리던 마을에서는 짚불 신호를 보고 다같이 '불이야' 하고 맞고함을 지른다. 새 소금단지를 묻을 때에는 묵은 소금단지는 파낸 뒤 깨뜨려 버린다. 근년에는 마을 공동의 소금고사를 지내지 않지만, 자손이 귀한 집에서 소금고사를 올리면 자손을 볼 수 있다는 믿음이 있어 개별적으로 소금고사를 올리는 집이 있다고 한다.

소금을 마을의 앞산이나 뒷산에 묻는 경우는 대체로 풍수지리상 그 산이 화기를 많이 머금고 있어서 그것을 누르기 위해 하는 경우가 많다. 충북 단양에서는 두악산의 화기를 막기 위해, 함평에서는 앞산의 화기를 막기 위해, 포항 북송리에서는 마을 남쪽 동산이 불 화火자 형상이어서 그 화기를 막기 위해, 충남 논산 양촌리에서는 앞산의 화기를 막기 위해 각각 소금단지를 묻는다는 것이다.

사찰의 소금신앙

산중에 위치한 사찰에서 소금을 이용하여 화재방지를 하는 경우는 대개 묻는 것이 많다. 시기는 주로 음력 1월과 5월 단오에 행한다. 경북 청도의 운문사에서는 음력 1월 20일 경에 소금을 담은 단지를 불당 뒤에 묻는다. 지리산 화엄사에서는 매년 음력 5월 5일 단오날 아침에 스님들이 경내 각황전과 대웅전을 바라보는 비로봉에 올라 소금단지를 땅속에 묻는다.

합천 해인사에서도 해마다 단오날이 되면 사찰 경내는 물론, 남산제일봉에 소금을 묻는다. 1876년 퇴암 스님이 해인사에 불이 난 역사를 기록한 『해인사실화적海印寺失火蹟』에 따르면, 1695년부터 1871년까지 일곱 차례나 큰 화재가 있었다. 화재의 원인이 남산제일봉에 있는데, 그 산은 해인사가 자리한 가야산과 마주하고 있는데, 형상이 불꽃처럼 날카로워 화산에 해당하기에 소금으로 화기를 제압하는 주술적 행위를 하고 있다.

방법으로는 이른 아침 불공을 올린 뒤, 경내 곳곳의 홈이 파인 염주석鹽柱石마다 소금을 넣고 물을 붓는다. 그리고 스님들이 남산제일봉에 올라 불공을 올리고 동서남북과 중앙의 오방五方에 각각 소금단지를 묻고 물을 붓기 시작한다. 방위마다 파놓은 구덩이에 소금단지를 넣고 물을 부은 다음, 뚜껑과 흙을 차례로 덮는 것이다. 마지막으로 바위 사이에도 한지로 싼 소금을 넣는다. 한편 신도들은 사찰 외곽인 용탑, 원당암, 야간통제소 입구에 소금을 묻는다.

그러나 영축산에 위치한 통도사는 묻지 않는다. 새 소금을 넣은 소금단지를 각 전각 주두에 올려놓는다. 그리고 1년 동안 올려놓았던 소금은 불자들에게 나누어주며 화재예방과 안전을 기원한다는 점이 특징적이다.

이처럼 우리나라 사찰과 민간에서 소금으로 화재를 방지하는 민속이 있다. 이러한 사례는 다른 나라에서는 좀처럼 찾아보기 어렵다. 그만큼 이것은 한국적이라 할 수 있을 것이다.

왜 소금인가?

소금은 정화의 기능을 가지는 것으로 보는 것이 세계 보편적이다. 왜냐하면 소금은 바닷물이 양의 기운이 듬뿍 들어간 햇빛 또는 불이 가해져 고체로 생성되기 때문이다. 더구나 그것은 부패하지도 않으며, 잡귀들이 싫어하는 짠맛을 가지고 있다. 그러므로 강한 양의 기운을 가지고 잡귀와 액운을 쫓는 주력을 가지는 것으로 본다.

고사나 굿을 할 때 소금을 뿌려서 부정을 쳐내고, 잔치집이나 초상집에 다녀온 사람에게 소금을 뿌려 객귀가 따라들지 못하게 한다. 또한 집 대문에 소금과 함께 주력이 있는 물질을 놓아 나쁜 액의 침범을 방비한다. 그 뿐만 아니라 가정의례로서 안택, 용왕먹이기 등을 행할 때 소금을 뿌려서 부정을 정화하고, 외부로부터 들어오는 액을 막기 위해 예방적으로 소금을 뿌리기도 하며, 운세가 나쁠 것으로 예상 되면 삼재막이, 액막이 등을 하면서도 소금을 뿌린다. 그리고 재수 없는 일을 당하면 소금을 뿌리는 것도 소금이 정화력을 가지고 있다고 믿기 때문이다.

그러나 통도사를 비롯한 여러 사찰 그리고 민간에서 행해지는 화마를 막기 위한 소금신앙은 그것과는 다르다. 이때 사용하는 소금은 정화의 의미가 아닌 것이다. 그리하여 투굴에 돌아온 나는 스님에게 조심스럽게 그 이유에 대해 물어 보았다. 그러자 스님은 이것은 과학이 아니라 믿음이다.

실제로 소금은 불에도 탄나. 장마철 도자기를 구울 때 가마가 습기가 가득 차 불이 잘 피어오르지 않을 때 소금을 뿌리는 경우가 있다. 이때 소금을 뿌리면 폭발음을 내면서 불이 잘 번지게 한다. 일본에는 유약을 바르지 않고 소금을 던져 넣어 굽는 도자기가 있다. 이를「염소鹽燒」라 하고, 그때 사용하는 소금을「염유鹽釉」라 한다.「염유」는 초벌구이 상태에서 고온으로 소성하였을 때 가마 안으로 식염을 던져 넣는다. 그러면 소금이 증기화되어 유리상태의 유막이 생겨나 그릇에 붙어 유약 역할을 하는데 일반적인 것과 다른 색다른 묘미가 있다.

이렇게 설명하시면서 소금도 불에 타는데, 용왕재에 사용하는 소금은 그러한 의미가 아니라고 단호하게 선을 그으시더니 "오행이란 수, 화, 목, 금, 토를 말한다."고 하시면서 다음과 같은 글귀를 쓰셨다.

土爰稼穡 稼穡作甘　　토는 가색인데, 가색은 단 것을 만들고,
水曰潤下 潤下作鹹　　수는 윤하인데, 윤하는 짠 것을 만든다.

이렇게 쓰시고는「가색稼穡」이란 작물을 심고 거두는 것을 말하고,「윤하潤下」는 물을 말한다고 하시면서 "보통「수극화水克火」라 하여 물은 불을 이긴다. 불은 물을 이기지 못한다."고 하시면서 소금의 위력에 대해 다음과 같이 논리적으로 설명하셨다.

물에는 단계가 있다. 첫째 단계는 흐르는 강물이다. 이것을 담수淡水라 한다. 이때는 아무 맛도 없다. 이것이 흘러 흘러서 바다로 들어가면 짠맛을 내는 해수海水가 된다. 이것이 둘째 단계이다. 그리고 해수가 햇빛이나 불이 가해짐으로써 생겨나는 것이 셋째 단계인 소금이다. 이처럼 물에는 담수 - 해수 - 소금이 있듯이 소금은 물의 정수(결정체)라 할 수 있다. 그러므로 소금은 물 중에

서 가장 위력이 센 것으로 보고 화마를 제압하는 데 사용하는 것이다. 흔히 벼락落雷은 바닷물을 만나면 그냥 사라져 버린다고 한다. 그것이 사실인지 아닌지 모르지만, 소금단지를 기둥의 윗부분인 주두에 올려놓으면 피뢰침避雷針의 역할도 한다는 설이 있다. 소금은 바다에서 나오며, 바다를 관장하는 신이 용왕이다. 그러므로 절에서 용왕재를 지낸다는 것은 용왕의 힘을 빌리는 것이다. 용왕이 소금을 가지고 나타나면 화마가 꼼짝을 못한다. 이러한 의미가 용왕재에 사용하는 소금의 의미이다.

이 날 성파스님은 설법전에서 용왕재 의미에 대해 대중들에게 다음과 같은 글귀를 소개했다.

嗔是心中火　　성냄은 마음 속의 불이다
燒盡功德林　　모든 공덕을 다 태워버린다.

이같은 게송을 읊으시고는 "화를 적당히 가져야지 화가 심하면 안 되요. 그래서 진심을 내는 것은 심중의 불이다 이거라. 그런 불은 어떠냐. 소진공덕림燒盡功德林이라. 다 태워버리는 거라. 평생의 공덕을 쌓아서 숲처럼 잘 무성하게 해놨는데 이 불이 들어가면 일시에 다 태워버리는 거라."고 하시면서 나의 삶과 마음속에 있는 모든 화마를 없애는 것이 용왕재의 근본 취지라고 설명했다.

1년 중 단오는 양의 숫자가 두 번 겹쳐 양의 기운이 가장 센 날이다. 양기가 강하면 불기운을 머금어 화재와 가뭄이 발생하기 쉽다. 양기 충천한 단오날

부족한 음기를 보충하고 화기를 억누르기 위한 처방이 바로 소금이다. 그러므로 이 시기에 치러지는 용왕재는 단순히 소금신앙을 이용한 화재예방의 종교적 행사로 보기 쉽다. 그러나 신앙적으로 본다면 그 의미는 매우 커진다. 왜냐하면 화마는 모든 것을 불태우는 화재만이 아니라 마음속의 화기이기도 하기 때문이다.

더구나 용왕재는 신도들에게 1년 동안 주두에 올려져있던 소금을 「항화마진언」이 적힌 종이가 들어있는 봉투에 담아 나누어 주는 것으로 마무리하고 있다. 이러한 전 과정을 살펴보았을 때 통도사의 용왕재는 사찰과 대중의 합동 화재예방훈련의 차원을 넘어 「삼재팔난三災八難을 물리치고, 마음속 화기를 잠재우는」 종교적인 기원이 담긴 행사이었다.

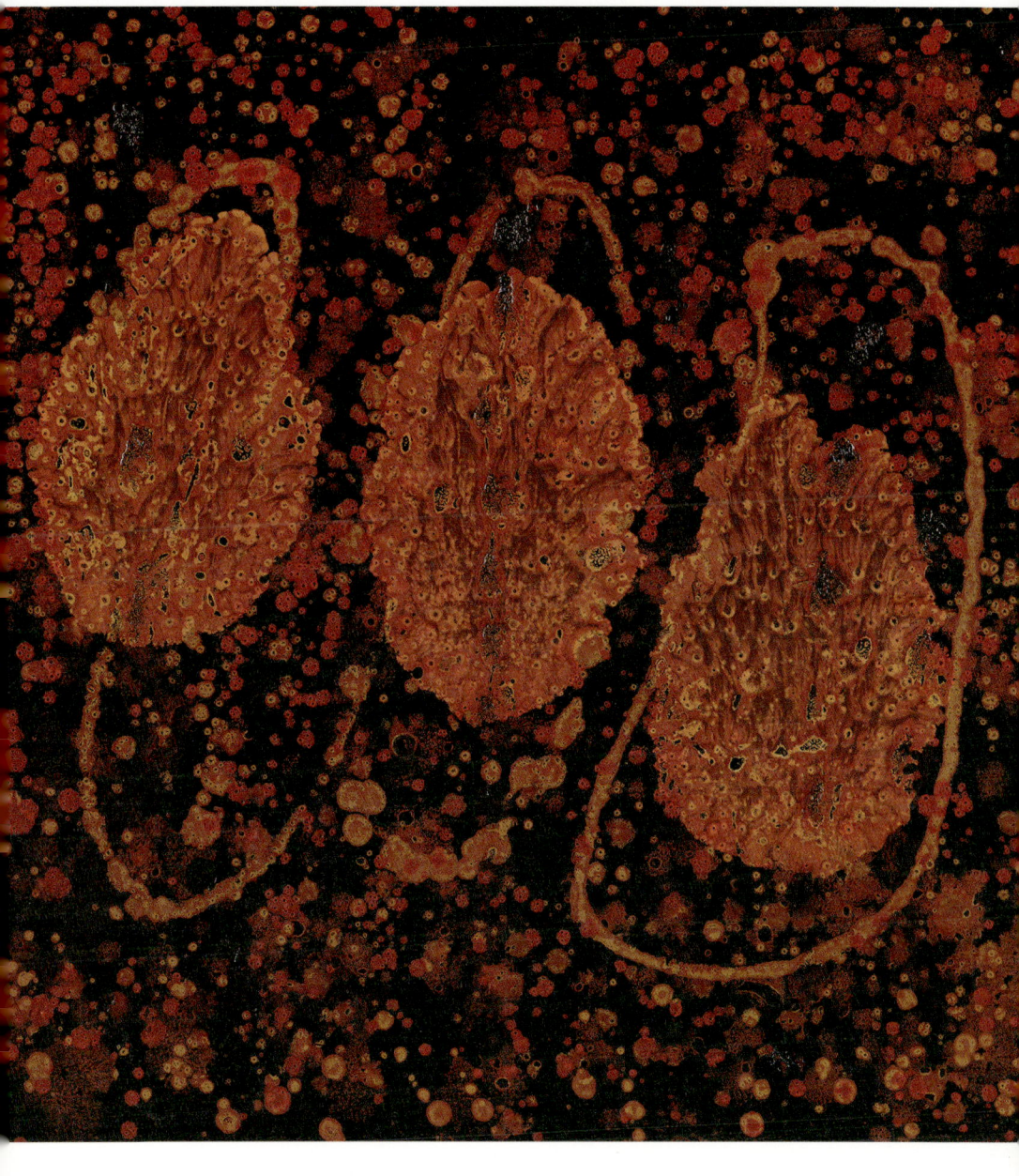

통도사의 풍수지리 전쟁

통도사의 영축산

통도사의 주산은 영축산靈鷲山이다. 영축산은 원래 인도 마가다국 왕사성 동쪽에 있는 산이다. 그 산이 영축산으로 불리게 된 데에는 지금까지 두 가지 견해가 주류를 이룬다. 하나는 석가모니가 그곳에서 『법화경』을 설하셨는데, 그때 독수리들이 많이 모여들었다 하여 그 산을 신령스런 독수리란 뜻으로 영축산이라 불렀다는 것이다. 김정호의 『대동여지도』에서도 그러한 뜻을 살펴 영축산을 축서산鷲栖山이라 했다. 즉, 독수리가 서식하는 산이란 뜻이다. 또 하나는 산의 모양이 독수리와 비슷하여 붙여진 이름이라는 것이다. 스님도 영축산의 산봉우리는 독수리와 닮아있다고 하셨다.

풍수지리에 밝은 혹자는 통도사가 독수리가 날개를 펴서 새끼를 안고 있는 영취포아형靈鷲抱兒形의 천하 명당에 자리잡고 있다고 해석하기도 했다. 이를 두고 스님은 흥미로운 이야기가 있다고 하시면서 통도사에 얽힌 풍수지리에 관한 이야기를 하셨다.

와우형으로 만든 양산군수 권만

이 이야기는 일찍이 노스님으로부터 들으신 것이라 했다. 대강 그 내용을 정리하면 다음과 같다.

양산군수로 부임한 권만權萬(1688-1749)이 통도사로 초두순시를 했다. 통도사에서 내려오는 계곡의 물이 언양 쪽으로 가지 않고 양산 쪽으로 내려온다는 사실을 알았다. 즉, 양산천의 발원지가 영축산 계곡이었다. 그는 그것을 양산사람들이 먹는 물은 「통도사 중들이 머리 씻은 물」이라 하여 이 물을 도저히 먹을 수 없다고 생각했다. 그뿐만 아니라 불교의 핵심인 통도사의 세력을 꺾으면 조선의 불교도 망한다는 생각으로 전국의 풍수들을 불러 잔치를 벌였다.

그때 그는 그들에게 "원래 통도사의 풍수지리는 「비룡농주형飛龍弄珠形」인데, 소가 누워있는 「와우형臥牛形」으로 만들라."고 명했다. 그렇게 함으로써 통도사 승려들이 누워있는 소와 같이 게으르다는 인식을 심게 했다. 이는 통도사 승려들에게 지역과 부역 등 여러 가지 형태로 압력을 행사해도 제대로 먹히지 않자 정신적으로 멍들게 만들려는 목적이었다.

　이에 풍수들은 통도사의 지형을 「와우형」으로 만들기 위해 지명을 바꾸기 시작했다. 그리하여 영축산 전체를 누워있는 소의 형국으로 보고, 절 안의 지역을 소머리, 소꼬리, 소다리에 해당되는 부분이라고 하였고, 원래 「용꼬리등龍尾燈」을 「쇠꼬리등牛尾嶝」으로 바꾸었고, 또 절 바깥의 지명들도 소를 키우는 것에 비유하여 소 풀이 많다는 뜻으로 「지산芝山」이라 지었고, 송아지 키우는 곳이라 하여 독자동犢子洞이라 하였으며, 또 소 풀을 뜯어먹는 곳이라고 초산草山이라 지었다.

　이것이 먹혔는지 성파스님이 출가하였을 당시만 하더라도 양산 주민들뿐만 아니라 통도사 스님들조차도 "통도사는 와우형이다."라는 말을 자주 했다고 한다. 이것이 전국적으로 퍼져 어딜 가도 「통도사 중은 밥중」이라는 소리를 많이 들었다. 그럴 정도로 타 지역의 승려들로 부터도 통도사 승려들은 공부도 하지 않고 지혜도 없으며 밥만 먹고 똥만 사는 무식한 사람으로 취급당하기 일쑤이었다. 이처럼 권만이 풍수지리를 이용하여 승려들을 무기력하게 만들어 자포자기할 정도로 사상적으로 주입시킨 것이 먹혀들어 갔다.

비룡농주형으로 되돌린 구하스님

　스님은 이를 항상 안타깝게 생각하고 있었는데, 어느 날 양산시청을 방문하여 우연히 『양산군지梁山郡誌』를 보게 되었다. 그때 놀라운 내용을 발견했다. 그 책〈상권上卷〉의「불찰佛刹」부분 통도사신보편通度寺 新補編에 다음과 같은 내용이 실려 있었다. 그 원문을 소개하면 다음과 같다.

> 地局如臥牛形云者地勢勝於邑基故郡守權萬以柔軟山氣之意命之又以助牛之意附近洞名改定于新坪蓴池草山芝山犢子洞寺前刹竿立石改于牛蹶石龍尾燈改于尾嶝而其後九河禪師主職時與地官屢審則皆判定曰洞門初頭有如意珠峰其峰前兩谷水合成龍潭故飛龍弄珠形確實云

이를 번역하면 다음과 같다.

땅의 형국地局이 소가 누워있는 형태와 같다고 말하는 것은 지세가 (양산)읍기보다 수승함으로 군수 권만權萬이 산의 기운이 유연(나약)하게 만들려는 의도로 명하였다. 또 와우형이라는 것을 보조하는 뜻으로 부근 동명을 개정하기를 신평을 순지蓴池, 초산草山, 지산芝山, 독자동犢子洞이라 하고, 절 앞에 찰간刹竿 입석을 우궐석牛蹶石이라 했다. 그리고 용미등龍尾燈을 우미등于尾嶝이라 하였다. 그 후 구하선사가 주지 시절에 지관과 더불어 여러 번 살핀즉, 동문 초두에 여의주봉이 있고, 그 봉우리 앞에 양쪽 골짜기에서 흐르는 물이 합해지는 곳을 용담이라 했다. 그러므로 비룡농주형飛龍弄珠形이 확실하다고 말했다.

이같은 내용에서 보듯이 통도사를 둘러싸고 풍수지리 전쟁이 한바탕 벌어졌음을 알 수 있다. 권만은 1747년(영조23)에 양산군수로 부임한 실재의 인물이다. 그가 남긴 『강좌선생문집江左先生文集』에는 양산 군수시절 치적을 기려 세운 양산 충렬사忠烈祠의 봉안제문奉安祭文과 통도사 마애비磨崖碑가 실려 있다. 그리고 위의 내용이 『양산군지』에 수록된 것을 보면 통도사의 풍수지리 전쟁이 전혀 근거가 없는 이야기가 아니다. 위의 내용에서 우리의 주목을 끄는 것은 그가 절 앞에 세워진 찰간 입석을 두고 소를 매어두는 우궐석이라 했다는 점이다. 이처럼 과도하게 통도사 지형을 「와우형」으로 만들었다.

그럼에도 불구하고 완전하게 바꿀 수는 없었다. 무풍교 서남쪽 봉우리를 사람들은 여의주봉이라 했다. 즉, 비룡이 여의주를 물고 앞에 있는 용담에서 놀고 있는 형국이라는 것이다. 그리고 무풍교를 지나 산내 쪽 북쪽 큰 바위에 흰빛의 줄 무늬가 있는데, 이를 통도사 창건 시 세 마리용이 이곳에 떨어져 흘린 핏자국이라 하여 「용피바위龍穴岩」라 하고 있다. 이처럼 용과 관련된 지명이 여전히 남아있다.

그 이후 구하스님은 "영축산은 서있는 병풍 같고, 비룡국飛龍局은 살아서 날아오른 듯하다."라고 하였고, 경봉스님도 "산세는 날아오르는 용과 같아 여의주 얻어 오르는 듯, 꽃에 새들은 우짖어 풍광이 정겨웁다."라고 한 바 있다. 이처럼 구하스님을 비롯한 근대 통도사 스님들은 자신이 살고 있는 통도사의 풍수지리를 「와우형」에서 「비룡농주형」으로 원래의 자리로 되돌리고 있었다. 최근 한 풍수지리학자는 통도사의 풍수지리를 다음과 같이 설명했다.

영축산 상봉으로부터 힘차게 흘러내린 영봉들은 남쪽으로 이어져 내려오다가 불사리를 봉안한 금강계단에 이르러 멈춘다. 통도사의 국세는 금강계단과 대웅전을 중심으로 서북쪽과 남쪽을 병풍처럼 둘러싸고 있으며, 남쪽과 서쪽에서 흘러드는 물줄기가 상로전 혈처穴處 앞에서 합수되는 곳에 일월 한문扞門으로 선자扇子 바위가 우뚝 솟아있다. 산문 입구에 여의주 봉이 있으며, 봉 앞에는 두 계곡의 물이 합수되는 용담龍潭이 있어 아름다운 경치를 이루고 있다.

이같이 풍수지리학계에서도 통도사는 지형을 용과 관련하여 해석되고 있다. 이러한 역사적 사실을 고려한다면 권만의 「와우형」으로 인해 생겨난 지명을 원래의 이름으로 돌려주는 노력이 관민합동으로 이루어지는 것이 바람직할 것 같다. 이것은 원래의 이름을 찾아주는 의미와 함께 오늘날 현지에 살아가는 통도사의 승려들뿐만 아니라 인근 마을 사람들도 좋아할 사항이기 때문이다.

팔도승지금지석

팔도승지금지석

통도사 후문 쪽인 지산마을에 「팔도승지금지석八道僧之禁地石」이라는 작은 비석이 서있다. 이 비석에 대한 두 가지 견해가 있다. 하나는 팔도의 승려들이 금지한 땅의 비석이라는 것이고, 또 다른 하나는 조선 팔도 승려들의 출입을 금한다는 의미의 비석이라는 것이다. 『한국향토문화전자대전』에 따르면 선조 때 숭유억불 정책이 극심하여 이곳까지 그 영향이 미치게 됨에 "팔도의 승려들은 올 수 없는 땅"이라는 의미로 해석된다고 설명하고 있다. 아무리 불교를 탄압한다고 하더라도 나라에서 전국의 승려들이 들어오지 못하도록 금지하였다는 것은 심해도 너무 심해 상식적으로 이해가 되지 않는다. 왜냐하면 불지종가 통도사에 타지 승려들을 오지 못하게 했다는 것이 말도 아니되며, 만일 그렇다면 해도 해도 너무 하기 때문이다.

「팔도승지금지석」이 서 있는 곳에 통도사측이 세운 안내판에는 다음과 같이 설명되어있다.

「팔도승지금지석」의 의미는 팔도의 스님들이 금지한 땅이라는 뜻이다. 이곳은 영축산 지맥이 통도사로 이어지는 길목에 있어 매우 중요한 곳이므로 통도사에서는 무덤을 쓰거나 집을 짓지 못하도록 하였다. 풍수에서 어떤 터에 들어오는 주맥을 입수맥이라고 한다. 입수맥은 그 터의 병목과 같아서 이 지점에는 묘도 쓰지 않고, 건물도 세우지 않으며 심지어 농사도 못 짓게 하였다. 이런 연유로 팔도의 스님들이 모여 여기에는 묘지 등을 쓰지 못하게 하였으며, 이는 통도사를 보호하는 일인 동시에 양산의 민생안녕을 지키고자 했던 것이다.

이상의 내용은 전자의 설을 따르고 있다. 더구나 눈에 띄는 것은 복잡한 풍수지리학적인 논리를 차치하고서라도 통도사 경내에 무덤을 쓰지 못하도록 하기 위한 목적에서 세워진 것이라는 점이다. 이러한 점으로 보아 이것은 사찰의 금혈비이다.

이것은 사찰의 금혈비이다

금혈비禁穴碑란 사찰 경내에 장묘를 금지하는 비석을 말한다. 다른 말로 금장비禁葬碑라고도 한다. 이러한 것이 통도사에만 있는 것이 아니다. 지금까지 발견된 것으로는 청주 월리사의 금혈비, 안동 봉정사의 금혈비, 사천 다솔사 어금혈봉표가 있다.

청주 월리사의 것은 사찰로 가는 입구 도로변에 부도 1기와 1665년(현종 8) 절의 중건을 기념하기 위해 조성된 「월리사 사적비」의 옆에 서 있다. 그것은 1825년(순조 25)에 조성된 것으로 「이곳은 불존佛尊이 있는 특별한 구역이니 장례를 치르지 말라」고 적어 놓고 있다.

안동 봉정사 금혈비는 일주문에서 북쪽으로 70m 정도 떨어진 도로 왼쪽에 있다. 내용은 「영서암국내유금혈靈西庵局內有禁穴」으로 되어있고, 건립 날짜는 「임술이월일입壬戌二月日立」으로 되어있다. 즉, '영서암 내에 무덤을 만들지 말아야 할 곳이 있다'는 뜻이다. 그러나 임술년이 어느 때인지는 정확히 알 수 없어 언제 세웠는지 알 수 없으나, 사찰 경내에 묘지를 쓰지 말라는 것으로 보아 금장비임에 틀림없다.

경남 사천 다솔사 금혈비는 다솔사多率寺 인근에 「어금혈봉표御禁穴封表」라고 바위에 새겨져 있는데 비석의 좌측에 「광서光緒 11년 을유乙酉 구월九月」가 보인다. 광서 11년은 1885년 9월인 고종 재위 22년이다. 여기에 안내판이 서있는데, 그것에는 다음과 같이 설명되어있다.

다솔사 터가 명당으로 알려지자 세도가들이 사사로이 묘를 쓰려고 하자 스님들이 상소를 올려 임금이 어명으로 다솔사 도량에 혈穴(묘자리)을 금하게 한 표석이다. 1890년 어명을 받들어 경상도 진주관아 곤양읍성에서 세웠다.

즉, 고종의 명으로 이 금혈비는 다솔사 경내에 묘를 쓰지 못하도록 금한 표식이다. 그것과 관련된 지역전승이 있는데, 그 내용을 소개하면 다음과 같다.

1882년 임오군란이후 대원군과 반대원군파들의 권력투쟁으로 어수선한 정치상황에서 지방관의 기강도 헤이해질 때로 헤이해진 상황이었다. 이때 당시 경상감사가 봉명산 다솔사 자리가 풍수지리적으로 장군대좌혈인데, 이곳에 부친의 묘를 쓰면 가문이 일어난다는 이야기를 듣고, 절에 사람을 보내 이장준비를 지시했다. 이에 다솔사는 발칵 뒤집혔다. 봉암스님을 중심으로 이 같은 처사를 조정에 직소하기 위해 승려들과 신도들의 연명을 받은 탄원서를 모아 상경을 결행한다. 기록에는 때마침 청나라로 향하던 조공사신행렬(일명 동지사), 또는 토문감계사土門勘界使를 만나 그 관리에게 하소연했다. 당시 감계사 대표는 이중하 공조참의가 승려들로부터 이 같은 지방관리의 비행을 전해 듣고 즉석에서 서찰을 적어주며 이를 경상감사에게 전하라며 행렬을 돌려 군왕께는 나중에 보고하겠다고 했다. 승려들은 기쁜 마음으로 돌아오면서 문경의 한 주막에서 밤을 보내게 되었는데 우연하게도 곤양군수로 부임해 가는 신임 목민관을 만나게 되었다. 인사를 고하고 그간의 사정을 아뢰자 그 군수는, 서찰을 자신에게 맡길 것과 부임 보고를 할 때 전히겠다고 약속했다. 부임 보고를 마친 신임 곤양 군수는 다솔사의 일을 논하자, 경상감사의 불호령이 떨어졌다. 하지만 신임 군수는 그 자리를 박차고 일어나며 "어명이요!"라고 외치며 "어금혈봉표!"라고 외쳤고, 경상감사는 무릎을 조아리고 벌벌 떨며 일어나지를 못했다고 한다. 그 이후 다솔사 경내에는 어떤 분묘도 쓸 수 없었다.

이러한 사실을 보더라도 통도사의 「팔도승지금지석」은 사찰의 경내에 묘지를 쓰지 못하게 하는 금혈석이다. 그리고 그 일대가 통도사의 경내이었다는 증거물이기도 하다. 스님의 말씀을 따르면 「팔도승지금지석」이 서있는 땅의 소유가 아직까지 통도사의 것으로 되어있다 한다. 그 이후 지금까지도 평산과 지산마을에는 무덤이 없는 것으로 안다고 하셨다.

「팔도승지금지석」에 얽힌 이야기

스님에게 지산마을의 「팔도승지금지석」에 대해 물었다. 스님은 그것에 대해 잘 알고 계셨다.

통도사 경내에는 풍수지리적으로 명당이 많다. 그리하여 세력가들이 묘를 쓰려고 했던 것이 부지기수로 많았다. 그리하여 스님들이 산 지키는데 많은 노력을 기울였다. 한번은 어느 세력가가 남몰래 밤에 사람들을 동원하여 부친의 묘를 경내에 썼다. 그것을 나중에 안 스님들은 함경도, 평안도의 스님들에게 연락하여 소집한 후 회의를 하여 모월 모일 모시에 세력가의 무덤을 파헤치자 약속했다. 이때 통도사 스님들은 일체 관여하지 않고, 멀리서 온 스님들이 밤에 기습적으로 묘를 파고 시신을 주변에 흩어버리고 자기 절로 떠나버렸다. 세도가가 범인을 색출하여 벌을 주려해도 범인을 잡을 수가 없었다. 더구나 통도사 스님들은 일체 가담하지 않았기 때문에 심증은 가나 물증이 없어 벌을 줄 수도 없었다. 또 파묘한 곳은 영험이 사라졌다는 신앙이 있어 그곳에 다시 쓸 수도 없거니와 만일 썼다 하더라도 승려들의 반발이 불 보듯 뻔해 세력가는 다시 그곳에 묘를 쓰지 못했다. 그리하여 통도사에서 그 묘터를 메우고 비석을 세운 것이 「팔도승지금지석」이라는 것이다.

이같은 스님의 말씀에서 알 수 있듯이 이것은 확실히 금혈비이다. 다만 이미 무덤을 쓴 것을 파묘해버렸다는 점이 타 지역의 것과 다를 뿐이었다. 스님의 말씀을 듣고 나는 또 하나의 의문이 들었다. 어찌하여 통도사 스님들은 비석에다 「팔도승지금지석」이라고 애매하게 해석되는 내용을 적었느냐고 물었다. 그것에 대해 스님은 웃으시더니 즉답을 피하고 다음과 같은 옛날 이야기를 먼저 하셨다.

옛날에 70세 때 득남을 하고 얼마 후 「칠십생남비오자七十生男非吾子 서외인불참서외인不參」이라는 말을 남기고 죽은 양반이 있었다. 그 말의 뜻을 갓 태어난 아이의 누나와 남편들은 「70세에 얻은 아들은 나의 자식이 아니니, 사위는 외인을 끌어들이지 말라」고 해석하고 죽은 양반의 재산은 자신의 것으로 생각하고, 남동생을 죽이지 않았다. 아들이 성장하여 재산 상속을 요구하여 드디어 소송이 벌어졌다. 이때 고을원은 종전의 해석과는 전혀 다르게 해석했다. 즉, 「70에 얻은 아들이라도 내 아들이 아니랴, 사위는 외인이니 참여하지 말라」는 뜻이라고 하며 아들의 손을 들어주었다.

이같이 말씀하시더니 스님은 양반의 애매모호한 유언이 아들을 딸과 사위들에게 죽임을 당하지 않고 살아남게 한 것이다. 그와 마찬가지로 통도사

스님들이 「팔도승지금지석」이라는 비석을 세운 것도 바로 그와 같다고 하셨다. 이것 또한 숭유억불정책에서 살아남기 위한 고육지책이었다는 것이다.

통도사에는 명당이 많다

이때 한 회원이 스님에게 "스님 통도사 경내에는 명당이 많습니까? 그리고 무덤은 없는지요?"라고 물었다. 이에 대해 스님은 명당이 많다. 실제로 젊은 시절 노스님들에게 들었다 하며 다음과 같은 이야기를 하셨다.

염불암 차밭으로 올라가기 전 왼쪽 언덕에 묘가 있었다. 그 자리는 원래 옛날에 취운암 장작을 쌓아놓는 곳이었다. 개화기 때 취운암에서 부목負木(나무꾼)을 하던 자가 사회로 나가 출세하였는지 양복을 입고 모자를 쓰고 통도사에 나타나 눈에 거슬릴 정도로 거만을 떨었다. 그러한 모습을 보고 스님들이 놀랍기도 하였지만, 그가 그렇게 출세하는 데는 모종의 음덕이 작용했을 것이며, 어쩌면 그것은 그가 남몰래 조상의 무덤을 투장하여 그곳에서 발복했을 가능성이 높다고 생각했다. 그리하여 스님들이 그의 과거 주된 일터이었던 취운암 장작더미에 쌓인 장작을 걷어내고 땅을 파보니 아니나 다를까 시신이 나와 그것을 없애버린 사건이 있었다.

이렇게 말씀하시더니 그곳은 산봉우리가 이어져 내려오는 형국인데, 이를 사람들은 뱀등이라 하는데, 천하의 명당 자리이다. 부목이 이곳에 남몰래 조상의 시신을 묻고 그 위에 나무장작을 쌓아놓았던 것이다. 스님은 훗날 그 지역을 개간하여 염불암을 짓고, 차밭을 조성할 때도 그곳은 건드리지 않고 그대로 보존케 했다.

　통도사 경내에는 명당이 많아 풍수가들의 말을 믿는 사람들이 항상 남몰래 자기 조상의 시신을 묻으려고 했다. 그리하여 스님들의 업무 중의 하나가 사찰의 경내(산)을 지켜내는 일이었다. 그리고 항상 벌목꾼들과도 전쟁을 벌였다고 한다. 심지어 관가에서 강제로 나무를 베려고 하면 스님들은 나무를 껴안고 「나무를 베려면 차라리 나를 베라」고 항의했다. 그야말로 목숨을 걸고 산을 지켜냈다. 그 결과 사찰 산림의 보존이 가능했다고 하시면서, 스님도 출가하였을 때 처음 맡은 소임이 산을 감시하는 산감山監이었다고 한다. 그러므로 스님은 매일 이산 저산을 다니며 산을 순찰했기 때문에 아직도 통도사 경내의 산지형은 훤하게 파악하고 계신다.

　이같이 이야기가 무르익었을 때 내가 "그럼 지금까지 통도사 경내에는 무덤이 없습니까?" 하자 스님은 "없는 것으로 안다. 다만 지산마을에서 극락암 가는 길에 조그마한 무덤 1기가 있는데, 그것은 삼국통일에 이바지한 김유신의 조부 김무력金武力 장군의 무덤으로 알려져 있다. 이것은 통도사 창건 이전부터 있었던 것이므로 없애지 않고 그대로 보존된 것으로 안다. 그것 이외에는 없다."고 하셨다.

우운대사의 모친 묘소

통도사 승려들이 지키는 우운대사 모친의 묘소

어느 날 오후 스님은 갑자기 "노교수님 시간 나십니까? 하시더니 같이 가볼 때가 있다고 하시면서 나를 여러 스님이 타고 계시는 봉고차에 태우셨다. 차 안에는 전 방장이셨던 원명스님, 그리고 조계종 법계위원장 법산스님과 수좌 명신스님을 비롯해, 주지 현덕스님, 강주 인해스님 5분이 타고 있었다. 성파스님과 내가 합세하여 모두 7명을 태운 봉고차는 어느덧 산문을 빠져나가더니 양산쪽을 향해 달려 늘걸산의 산길을 따라 올라가더니 달포늪 인근에 다다랐다.

원산스님이 앞장서서 숲을 헤치고 성큼성큼 걸으시더니 어느 묘소 앞에서 걸음을 멈추었다. 이곳이 우운진희 스님의 모친 묘소이었다. 스님들은 준비에 간 진설물들을 올리고 그곳에서 절을 올렸다. 묘지 앞에는 「우운대종사모친지묘友雲大宗師母親之墓 1609年 月 日 通度寺」라는 글씨가 새겨진 표지석이 있을 뿐이었다.

어떨 결에 따라간 나는 우운대종사는 어떤 인물인지 그리고 그의 모친 묘소에 왜 통도사 스님들이 성묘를 하는 것인지 전혀 알 수가 없었다.

통도사의 어머니

스님들이 성묘를 마치고 묘지 주변에 둘러앉으시더니 가지고 온 과일과 과자 그리고 차를 마시면서 이런저런 이야기가 오고 갔다. 먼저 원명스님이 말을 끄집어 내셨다. 30여 년 전 원명스님이 주지를 하던 시절에 웃어른의 명으로 이 묘지가 파묘를 당한 적이 있었다. 그때 혈기가 뜨거웠던 성파스님이 노발대발하여 어르신의 처사를 강렬하게 비판하고 나섰으나, 내성적인 성격을 지닌 원명스님은 아무 말도 못하셨다. 그러나 원명스님은 파묘 이후에도 형태를 보존하면서 남몰래 매년 빠지지 않고 기일을 맞아 우운대종사의 모친 묘지를 찾아 제를 지내는 일을 이어오고 있었다고 하셨다. 그러다가 1993년에 무덤을 원래 자리에 재안치 하고 봉분도 새로 하고, 그때 세운 표지식이 앞에서 언급한 것이었다. 이 말을 들은 성파스님은 원명스님의 두 손을 꼭 잡고 "이 묘소는 보존해야 할 미풍양속이며, 이를 잘 살려 후학들의 귀감이 되게 해봅시다."고 하셨다. 이에 원명스님도 흡족해 하시면서 "종정스님이 이렇게 관심을 보여주시니 이제 안심입니다."고 안도의 한숨을 내쉬는 것 같았다. 이를 지켜보던 스님들은 전 방장과 현 방장 두 분이 힘을 합하고, 그리고 종정이신 성파스님이 특별히 관심을 가져주시니 이제는 공식화하여 보존해도 괜찮겠다고 하시면서 모두들 좋아하셨다.

성묘를 끝내고 내려오면서 명신스님이 우운대사 모친 묘소에 대해 재미난 일화를 들려주었다. 즉, 그 묘자리는 풍수를 잘 아는 우운대사 친구인 박씨의 성을 가진 자가 정해줬다. 그때 박씨는 자신의 어머니 묘터도 함께 정했다. 그의 어머니가 먼저 세상을 떠나자 우운대사 모친의 묘자리가 더 좋을 것으로 생각하고 그 자리에 안장했다. 이로 인해 늦게 돌아가신 우운스님의 모친은 이전 박씨가 자기 모친의 묘자리로 잡아놓은 곳을 묘자리로 쓸 수밖에 없었다. 그러나 사실은 우운스님의 모친 묘소가 3명의 정승이 나올 명당 중 명당이라는 것이다. 이 말을 마친 명신스님은 이를 계기로 앞으로 통도사에서 역사에 빛날 고승들이 많이 배출되기를 바란다며 속마음을 숨기지 않으셨다.

이러한 대화를 들은 나는 이 묘소의 주인은 오로지 우운대사의 모친을 넘어서 통도사 승려들의 어머니로 다가왔다.

우운진희友雲眞熙 대사

서운암 토굴로 돌아온 나는 우운스님은 어떤 분이기에 통도사 스님들이 그의 모친 묘소까지 성묘하는 것일까? 그것이 궁금하여 스님에게 조심스럽게 물었다. 그러자 스님은 그에 대해 소상히 말씀해주셨다.

우운스님은 계월학눌桂月學訥스님의 제자이므로 소요태능逍遙太能(1562-1649)스님의 손상좌에 해당되는 분이다. 임란으로 말미암아 폐허가 된 통도사의 대웅전을 재건하고, 취운암을 창건하신 스님으로 알려져 있지만 실제로 그의 행적을 살펴보면, 그보다 훨씬 크다.

통도사 문헌 등 관련 사료에 따르면 우운대사는 1644년(인조 19) 전소가 되어있던 대웅전을 오늘날의 모습으로 재건했고, 또 1652년(효종 3) 금강계단을 중수했다. 그리고 수차례의 화재로 인해 통도사 경판이 소실된 것을 불경 목판의 판각과 간행사업도 벌였다. 또 전란으로 없어진 법당 내의 불기佛器들을 제작했다. 그 중에서 가장 유명한 것이 1674년(현종 15)에 제작된 청동은입사 향완青銅銀入絲香垸이다. 이 향완은 현재 보물 제1354호로 지정되어 있다. 또 석가여래 친착가사의 전래를 담은 『통도사사리가사사적약록通度寺舍利袈裟事蹟略錄』을 중간하였다. 1677년(숙종 3) 『천성산운흥사사적기千聖山雲興寺事蹟記』도 편찬하고 간행했다. 그의 행적으로 보아 통도사를 창건한 인물이 자장율사라면 그는 통도사를 재창건한 중창조에 해당되는 인물이라고 평가하셨다.

스님이 입적한 후 1694년 통도사에 스님의 정골頂骨을 모신 승탑이 세워졌고, 사리는 용천사, 범어사, 적천사 등 영남의 9개 사찰에 나누어 모셔졌다. 그리고 스님의 진영은 통도사에서 소장하고 있는데, 그 모습은 오른손에 장염주를 쥐고 왼손에 수장자를 쥔 채 의자와 방석 위에 결가부좌한 모습이다. 좌측 상단에 호운도언灝雲度彥스님의 영찬이 적혀있다.

法門標準 軌度寬鬆	법문은 표준이며 법도는 너그러워
心懷大道 手秉靈鍔	마음에 대도를 품었고 손에는 신비한 검을 잡았네.
潮海閃電 晴天迅爍	물결치는 바다의 섬광 맑은 하늘에 벽력
振五宗綱 碎三關鑰	오조의 근본 뜻을 떨치고 세 가지 관문을 부수네.
原有其係 西天正絡	원래 그런 계보가 있으니 서천의 정맥이다.
彷彿七分 格思斯佗	닮은 진영의 품격과 사상이 이러하다.

이처럼 통도사의 역사에서 혁혁한 공헌을 한 인물이었다. 이러한 스님이었기에 스님의 활동이 지역에 전설이 되어 그 내용이 1996년에 발간된 『하북면지』에 소개되어 있다. 우운스님이 임진왜란으로 소실된 통도사 대웅전 재건을 위해 시주를 얻으러 가던 중 무풍교에 이르렀을 때 한 여인이 나타나 보따리를 주며 이걸 가져야 소망을 이룰 수 있다고 했다. 그런 일이 있은 며칠 후 통영 통제사로부터 거액을 시주받아, 통도사 대웅전과 취운암翠雲庵을 지었다. 그 보따리를 준 여인은 관음보살의 화현化現이었다는 것이다. 이처럼 그의 대웅전 재건과 취운암 창건은 지역민들의 기억 속에도 강하게 남아 있다.

스님으로부터 여기까지 말씀을 듣고 "그런데 통도사 스님들은 어찌 우운스님의 모친 묘소를 지키게 되었는지요?"라고 물었다. 그러자 스님은 우운스님은 속가俗家에 계셨을 때 일찍이 부친을 여의고 홀어머니와 단둘이 살았다. 그러다가 불가에 출가하였으니, 연로한 홀어머니를 돌볼 형제가 아무도 없었다. 그리하여 통도사 대웅전을 중건하고 남은 재료로 취운암을 지어 그곳에 모시고는 지극한 효행을 다한 것으로 알려져 있다. 그 효심을 받들어 통도사 승려들은 입춘 무렵에 전통적으로 성묘하고 벌초해오고 있으며, 이 것은 미풍양속으로서 후학들이 본받아야 할 것이지, 버릴 것이 아니라고 단호하게 말씀하셨다.

스님들은 유가에서 보면 부모 친지와 인연을 끊고 출가한 자들이기 때문에 불효자라 할 수 있다. 그러나 우리나라 스님들은 효를 매우 중시한다. 그리고 스님들은「부모미생전본래면목父母未生前本來面目」라는 화두를 많이 지닌다. 이는「부모에게서 태어나기 전에 내가 가지고 있는 참된 본성」이라는 뜻이다. 그러므로 스님들은 외부에서 보는 것과는 달리 부모에 대해서 많이 생각한다. 그 대표적인 예가『부모은중경父母恩重經』이다.

이는『대보부모은중경大報父母恩重經』등으로 불리며, 당나라 때 중국에서 찬술된 위경이다. 우리나라에는 13-14세기에 들어와 80여 종이 만들어졌고, 한글이 창제된 이후에는 다수의 언해본이 개판되어 유통되었다. 부모님의 은혜가 깊음을 알도록 십대은十大恩을 설하고 있고, 경의 내용을 설명하는 변상 판화가 같이 들어 있어서 유교의『효경孝經』과 같은 역할을 했다. 그러나 효경에서는 아버지의 은혜를 강조하고 있는 것과는 달리『부모은중경』은 어머니의 은혜를 강조하는 특징을 지니고 있다.

통도사는『부모은중경목판父母恩重經木板』을 가지고 있다. 세로 23.3㎝에 가로 50.6㎝로 간기에「깅희칠년무신조준양월경상도개녕지백마산고방사시설개간칙이울산원적산운흥사지재康熙七年戊申初春陽月慶尙道開寧地白馬山敲防寺始設開刊則移蔚山園寂山雲興寺持在」라 하여 1668년(현종 9)에 판각된 것이다. 이러한 의미에서 우운대사 모친의 묘소를 지키는 것은 효사상을 고취시키는 데 대단히 중요한 문화적 자산이라고 강조하셨다.

진묵대사의 성모암

스님과의 대화는 계속 이어졌다. "이같은 사례가 통도사 이외에도 있는지요?" 하고 단도직입적으로 물었다. 그러자 스님은 즉각 진묵스님이 계셨다고 하시면서 다음과 같이 이야기를 이어갔다.

진묵 스님은 어릴 때 전북 김제에서 태어나셨는데, 일찍이 스님은 전주의 봉서사鳳捿寺로 출가했다. 초의 선사가 기록한「진묵조사유적고震黙祖師遺蹟考」에 스님에 대한 다양한 일화와 영험담이 실려 있는데, 그것에 의하면 스님은「성리대전性理大典」을 모두 외웠고, 천신天神들의 공양을 받았으며, 허공을 날았다는 일화들이 수록되어 있다.

진묵 스님은 홀로 계시는 어머니에게 지극한 효행을 한 것으로 전해진다. 사미시절을 봉서사에서 보낸 후 그곳에서 멀지않은 일출암日出庵에 있었는데, 그때 어머니를 왜막촌倭幕村(현재 完州郡 龍進面 牙中里)으로 모셔 와서 살게 했다. 그 마을은 절 가까운 곳이었으므로 그는 하루도 거르지 않고 아침, 저녁으로 내왕하면서 문안을 했다. 어느 해 무더운 여름날에 모기가 극성을 부려 모친이 잠을 이루지 못하자 산신에게 부탁해서 모기떼를 다른 곳으로 가게 했고, 또 모친이 병마에 시달릴 때는 모친을 등에 업고 참선수행을 했다고 한다. 그리고 자기 대신 어머니를 모시느라 혼기를 놓치고 가난하게 사는 여동생이 자신이 있던 절에서 곡식을 빌려갈 때, 갈 길을 밝게 하려고 해를 붙들어 두었다가 누이가 집에 당도할 즈음에 해가 지도록 했다는 신이한 일화도 전해진다.

죽음을 앞둔 어머니가 어느 날 진묵스님에게 "하나밖에 없는 아들이 출가

승이 되었으니 제사는 누가 지내주고 묘는 누가 지켜줄 것입니까?"라고 하자, 진묵스님은 "걱정하지 마십시오. 제가 천 년 동안은 제사가 끊이지 않도록 하겠습니다."고 안심시켰다고 전해진다.

노모가 돌아가시자 진묵 스님은 만경현 북쪽 불거촌佛居村에 묘를 봉안하고, 그곳이 연화부수형蓮花浮水形의 천하명당이며, 「무자손천년향화지지無子孫千年香火之地」라 칭하고 사람들에게 모친의 묘에 제사를 지내면 한 가지 소원을 들어줄 테니 향과 초를 올려 참배하도록 했다.

그의 말 대로 어머니의 묘소는 지금도 여전히 수많은 사람들이 참배하고 있느니 「자손이 없어도 천 년 동안 제사와 공양의 향불이 끊이지 않는 곳」이 되었다. 지금 그 묘지 옆에는 성모암聖母庵이 지어져 스님들의 수행처가 생겼다.

성모암의 창건에는 다음과 같은 일화가 있다. 정사년(1917년) 5월에 고 이순덕李順德 화부인華夫人이 계룡산 신도안에 있다가 고향인 임실땅으로 가는 도중 성모암 인근 마을에서 유숙하게 되었는데, 그날 밤 꿈에 서쪽 하늘에서 흰 가마가 내려오더니 한 스님이 나타나 가마에 타라고 했다. 그리하여 가마 안에 앉자마자 공중으로 날아 어느 묘소에 내리더니 쉬었다가 가자고 했다. 이에 깜짝 놀라 꿈에서 깨어보니 불현 듯 심신이 일어나 집주인에게 꿈 이야기를 들려주니 그 주인이 인근에 진묵대사의 모친 묘소가 있다고 알려주었다. 그리고 그곳이 영험한 곳이니 참배하고 소원을 빌어보라고 귀띔해 주었다 한다. 날이 밝아 묘소를 찾으니 봉분은 무너지고 잡초는 우거져 찾기조차 힘든 상태였다. 이에 바로 묘소를 사초莎草하고 시묘하면서 지방유지 및 신도들과 봉향계奉香契를 조직하여 정성스레 보살폈다. 그 후 사람들이 묘소 밑에 제각을 건립하고 고인이 된 이순덕 화부인의 공적비를 세운 것이 성모암의 시초가 되었다는 것이다. 이처럼 진묵스님의 어머니는 효심이 깊은 수행자인 아들을 두었기에 성모聖母로 불리며 오늘에 이르고 있는 것이다.

성모암에는 한글로 쓴 편액이 걸린 고시래정이 있고 그곳에는 진묵대사와 그 어머니 영정이 모셔져 있다. 「고시래」란 들이나 산에서 음식을 먹기 전에 조금씩 떼어내 던지며 외치는 말이다. 지방에 따라 「고수레」, 「고씨네」라고 하기도 한다. 김제에서는 이것의 유래를 진묵대사에게서 찾는다. 구전에 따르면 대사가 들판에서 일하는 농부들에게 공양을 받을 때 마다 음식을 조금 떼어내 어머니를 위해 들판에 던졌다 한다. 원래 대사의 모친 묘소는 논 한가운데 있었다. 이를 본 농부들도 논에서 일하다 음식을 먹을 때면 대사의 어머니 고씨를 부르며 밥 한술씩 던져주었다. 이것이 「고씨에게 올리는 예」라는 뜻으로 「고씨예」이었던 것이 세월이 흐르면서 「고시래」「고수레」 등으로 바뀌었다는 것이다. 이처럼 진묵대사는 효행의 실천자로서 각인되어 있다. 오늘날 대사 모친 묘소는 명당 터로 소문이 나 많은 사람들이 찾고 있다.

우운스님과 진묵스님의 모친 이야기로 분위기가 무르익자 성파스님은 진묵스님이 모친 49제 제사 때 적으신 축문은 명문이라 하시면서 노트에 다음과 같은 글귀를 거침없이 적으셨다.

胎中十月之恩을 何以報也리요
膝下三年之養을 未能忘矣로소 이다

萬歲上에 更加萬歲라도 子之心은 猶爲嫌焉이온데
百年內에 未萬百年이오니 母之壽가 何其短也오리까
單瓢路上에 行乞一僧은 旣云已矣거니와
橫釵閨中에 未婚小妹가 寧不哀哉오니까
上壇了 下壇罷하니 僧尋各房이옵고
前山 疊하고 後山 重한데 魂歸何處오니까
嗚呼哀哉로다

그 뜻은 대략 다음과 같다.

열달동안 태중에서 길러주신 은혜를 어찌 갚사오리까.
슬하에서 3년을 키워주신 은혜를 잊을 수가 없나이다.
만세를 사시고 다시 만세를 더 사신다 해도
자식의 마음은 오히려 만족치 못 할 일이온데,
백년도 채우지 못하시니,
어머니 수명은 어찌 그리도 짧으시옵니까.
표주박 한 개로 노상에서 걸식으로 사는 이 중은 이미 그러하거니와,
귀머리도 풀지 못하고 규중에 있어 시집 못 간 어린 누이가 가엽지도 않습니까.
상단 공양도 마치고 하단 제사도 마치고 스님들은 제각기 방으로 돌아갔고,
앞산은 첩첩하고 뒷산도 겹겹이온데 어머니의 혼신은 어디로 갔습니까?
아!
슬프기만 합니다!

이것은 제문이라기보다는 사모곡思母曲이다. 진묵대사는 곡차를 좋아하고, 기이한 행동을 보이신 분이지만 도력이 높아 사람들로부터 석가모니의 소화신小化身으로 추앙을 받았던 인물이다. 그러나 개인사로 보면 그에게는 홀로 된 모친과 시집도 가지 못한 손아래 누이가 있었다. 비록 불가에 귀의한 몸이었지만, 가족들에 대한 애정이 깊게 묻어나오는 제문이어서 우리의 가슴을 뭉클하게 하는 것은 오로지 나 혼자만이 아닐 것이다.

통도사의 수미단에는 인어가 산다.

1. 성파스님과 송천스님의 대화

　오랜만에 송천스님이 토굴에 올라오셨다. 송천스님은 통도사 성보박물관장을 역임한 바있는 한국을 대표하는 불교미술가이다. 나는 공교롭게도 그 날 성파스님과 송천스님 두 분이 말씀 나누는 것을 옆에서 듣는 기회를 가졌다. 우연이었다. 그 날은 주로 사찰 속의 민화에 관한 이야기가 많았다. 그 중 나의 귀를 번득 뛰게 하는 것이 하나 있었다. 그것은 다름 아닌 수미단에 등장하는 다양한 도상들 가운데 인어가 있다는 것이었다. 송천스님에 의하면 인어도상은 통도사 대웅전과 영천 은해사 백흥암 극락전의 수미단에 나온다고 했다. 오랫동안 동아시아의 요괴에 관심을 가졌던 나로서는 상상의 동물 인어를 놓칠 수가 없었다.

2. 한국 사원에 나타난 인어도상

(1) 통도사 대웅전 수미단의 인어

그리하여 재빨리 몸을 움직여 가장 가까이에 있는 통도사 수미단부터 찾아보았다. 통도사 수미단은 1645년 법당 중수 후 수미단을 조성하기 시작하여 1646년 2월에 마쳤다는 묵서명이 새롭게 확인됨에 따라 17세기경에 제작되었을 것으로 보인다.*

대웅전의 수미단에는 송천스님의 말씀대로 인어가 있었다. 위에서부터 3번째 단에 그것도 한 마리가 아닌 네 마리나 있었다. 수미단의 중앙을 양분하여 좌우로 각각 두 마리씩 차지하고 있었다. 모두 말 앞에 있다는 것이 하나의 공통점인데, 좌측의 것은 적마赤馬이고, 우측의 것은 백마白馬인 점이 다르다. 그런데 그 모습은 우리가 생각하는 인어가 아니었다. 머리만 사람이고 몸은 온통 물고기였다. 즉, 인면어신人面魚身이다. 몸은 푸른 색깔로 처리되어 있고, 머리 부분은 귀부분까지 새까맣게 칠해져 있어서 외견상 승려의 머리는 아닌 것 같고, 또 암컷인지 수컷인지 성별 구분도 되지 않는다. 그리고 몸 가운데는 연꽃 도상이 그려져 있다는 것도 공통된다.

---

* 문회재청·성보문화재연구원(2021) 『한국의 사찰문화재 - 전국 사찰 불단 일제조사 6 : 경상남도 - 』 pp. 29-30에 수록된 원문 내용은 다음과 같다.: "崇○二年甲申十月廿一日 法堂修莊山役爲. 始爲乎矣乙酉年九月十五日修莊已畢 後卓子同役. 爲乎矣(至今) 未畢仍于役乃丙戌年二月八日畢役事. 大化士 淸風道人 眞熙比丘. 卓子大木雲垂衲子尙澄比丘. 副木廣玄比丘. 大禪師 化主 覺天比丘. 中德大師 化主 雙倫比丘. 卓子供養大施主 僉知 朴一天."

(2) 백흥암 극락전 수미단의 괴어

그에 비해 백흥암 극락전 수미단에는 어떤 모습일까? 백흥암의 극락전은 1643년 중건된 조선 중기의 목조건물이다. 그러므로 통도사 대웅전의 수미단과 거의 같은 시기에 만들어진 것으로 볼 수 있다. 여기에는 세 마리 괴어가 있었다. 그 모양도 통도사의 것과는 조금 다르다.

한 마리는 가슴팍까지 인간이고, 몸이 물고기 형태인 반인반어半人半魚의 모습을 하고 있고, 또 다른 한 마리는 통도사의 것과 같이 얼굴만 사람의 모습이다. 그리고 백흥암의 것은 암수 구분이 어느 정도 가능하다. 왜냐하면 전자는 수염이 없으나, 후자는 수염이 달려 있기 때문이다. 그리고 두 마리의 얼굴이 모두가 머리를 깎은 승려의 모습을 하고 있다. 그러나 몸통 부분의 색깔도 다르다. 전자는 흑색이고, 후자는 백색이다. 그리고 또 한 마리는 얼굴은 사람이고 몸통은 검은 물고기이며, 또 새의 다리와 같은 것이 4개가 달려 있다. 즉, 사족인면어신四足人面魚身의 괴이한 괴어이다.

(3) 원각사의 인어문전

인어는 경기도 고양시에 있는 원각사 성보박물관에도 있었다. 이곳의 것은 통도사와 백흥암의 것과는 달리 벽돌에 새겨져 있다는 데 특징이 있다. 높이 15.4cm, 너비 31.3cm, 두께 3.3cm이다. 원각사측의 설명에 의하면 이것은 담장 및 수미단 장식 중 일부로 추정된다고 한다. 그러므로 이것 또한 수미단을 장식한 도상으로 볼 수 있다.

그 모습이 상반신이 동자童子의 모습으로, 양손에 만다라화曼茶羅華를 받쳐 들고 천의天衣를 펄럭이며 하늘을 날고 있다. 하반신은 물고기 모습으로,

하반신 전체가 비늘로 덮혀있다.

원각사 성보박물관측은 고려 유물 중 동자의 모습은 동경이나 청자에서 종종 발견할 수 있는데, 위와 같이 반인반어의 모습으로 하반신이 물고기 형태로 표현된 예는 보기가 힘든 드문 예라 할 수 있다고 했다.

사실 우리나라 사원에서 이용된 도상 가운데 인어는 극히 드물다. 그런 만큼 통도사와 백흥암, 그리고 원각사의 인어상은 우리나라 인어 그림 자료로서는 매우 중요한 의미를 지닌다.

3. 왜 인어가 수미단에 있을까?

한국의 수미단에 나타난 인어에는 세 가지 유형이 있다. 첫째는 인면어신형人面魚身形이다. 이것은 얼굴만 사람이고 나머지 부분은 모두 물고기인 경우이다. 여기에는 통도사와 백흥암의 수염 달린 인어가 있다. 둘째, 반인반어형半人半魚形이다. 이것은 가슴팍까지 사람이며, 나머지는 물고기인 경우이다. 여기에는 백흥암의 수염 없는 괴어와 원각사의 인어문전이 있다. 셋째, 사조족인두어형四鳥足人頭魚形이다. 여기에는 백흥암의 네 개의 새鳥 다리를 가지고 머리는 사람인데, 몸은 물고기 모양을 하고 있는 괴어이다.

어찌하여 수미단에 인어가 있는 이유에 대해 연구자들마다 의견이 조금씩 다르나, 크게 나누면 다음과 같이 두 갈래의 의견이 있다.

하나는 중국의 『산해경山海經』에서 그 연원을 찾는 것이다. 실제로 인어의 모습을 한 괴어가 『산해경』에서 보이는 것은 사실이다. 그러나 그 모양들이 한국 사원 수미단 인어들과는 다르다. 수미단은 가장 신성한 본존불이 봉안되는 곳이다. 그러므로 수미단의 동식물들은 적어도 불교와 관련이 있어야 한다. 『산해경』의 도상들은 불교적 신성성을 나타내기 위한 것이 아니다. 그럼에도 수미단의 장인들이 불교적인 색채를 띠지도 않은『산해경』의 도상을 수용하였다고 보는 견해는 선뜻 납득하기 어려운 부분이 있다.

또 하나는 불경에서 그 연원을 찾는 것이다. 여기에 동의하는 연구자들은 수미단의 인어를 인간의 고통과 시름을 들어주는「아미타어」라고 해석했다. 그들의 말을 빌리면「아미타어」란 사람의 얼굴에 몸이 물고기의 모습이며, 아미타불이 상주하는 극락전의 수미단에 주요 문양으로 등장한다고 하면서, 그 전거로서『삼보감응요약록三寶感應要略錄』을 들고 있다. 그러면서『삼보감응요약록』에 아미타어의 이야기가 다음과 같다고 하며 소개하는 사람들이 있다.

> 사자국 서남쪽에 '사람의 얼굴에 물고기 몸人頭魚身'을 가진 한 물고기가 있었는데, 능히 사람의 말을 하고 나무아미타불을 염송했다. 때문에 사람들은 이 물고기를「아미타어」로 이름 지었다. 사람들이 아미타불을 염송하면 물고기는 좋아하면서 언덕 밑으로 가까이 다가오곤 했다. 잡아서 먹으면 맛이 매우 좋아 사람들이 즐겨 찾았는데, 이 물고기가 아미타불의 화신이었다.*

그러나 그와 같은 내용이『삼보감응요약록』에 있는 것은 사실이나, 그들이 말하는 사람의 얼굴에 물고기 몸을 한 인두어신人頭魚身의「아미타어」는

---

* 동정(1998)「〈사찰의 미 한국의 미〉- 물고기 문양.조각」1998.12.01. 불교신문(http://www.ibulgyo.com)

보이지 않는다. 참고로 그 원문을 번역 소개하면 다음과 같다.

집사자국執師子國에서 서남방향으로 아주 멀리 떨어진 곳에 외딴 섬 하나가 있었다. 오백 여 가구가 들쑥날쑥하게 지은 초가집에 살면서 모두 새를 잡아 생계를 유지하였는데, 여태까지 불법을 들은 적이 없었다. 하루는 수천 마리의 큰 물고기들이 섬으로 헤엄쳐 왔는데, 모두 사람의 말을 하며 나무아미타불을 노래 부르는 것이었다. 이를 본 바다 사람들은 그 이유를 몰랐기에 노래하는 내용에 따라「아미타어阿彌陀魚」라고 불렀다. 어떤 사람이 아미타불을 노래 불렀더니 물고기들이 바닷가 가까이로 헤엄쳐 왔다. 노래 부르면서 물고기를 죽이면 나머지 물고기들이 도망가지 않았고 생선 맛은 매우 좋았다. 사람들이 아미타불 노래를 많이 부르고 나서 잡은 생선의 맛은 최상이었고, 적게 부른 사람이 잡은 생선의 맛은 맵고 쓴 맛이 났다. 섬사람들은 생선 맛을 즐겼기 때문에 아미타불의 명호를 부르는 것을 업으로 삼았다. 나중에 처음부터 그 생선을 먹었던 사람이 수명이 다하였는데, 죽은 지 삼 개월이 지난 뒤에 자줏빛 구름을 타고 광명을 놓으며 섬에 이르러 사람들에게 말했다. "나는 이 섬에서 물고기를 잡던 사람들 중에 가장 나이 많은 사람이었는데, 죽어서 극락세계에 왕생하였다. 이 큰 물고기들은 아미타불께서 변화하여 나투신 것이다. 저 부처님께서 우리들의 어리석음을 가엾이 여기시어 큰 물고기로 변화하여 염불을 권유하신 것이다. 만일 믿지 못하는 사람이 있다면 마땅히 생선 뼈들이 모두 연꽃 형상을 하고 있음을 보게 될 것이다."

사람들은 매우 기뻐하였다. 왜냐하면 그동안 버렸던 생선 뼈들이 모두 연꽃 형상을 하고 있는 것을 보았기 때문이다. 이를 본 사람들은 모두 감동하여 깨달고는 살생을 끊고 아미타불을 불렀다. 나중에 섬에 살던 사람들이 모두 정토에 왕생하였고, 이 섬은 오랜 세월 무인도가 되고 말았다. 집사자국의 사자현師子 賢 대아라한께서 신통력으로 그 섬에 가셨다가 이 사실을 전하게 된 것이다.*

이상의 이야기를 수록한 『삼보감응요약록』은 중국 요나라 승려 비탁非濁(?-1063)이 찬술한 불교설화집이다. 여기서 「아미타어」는 아마타불을 염송하고, 자신의 육신을 사람들에게 제공하여 극락세계로 인도하는 큰 물고기이다. 이를 사람들은 중생을 제도하기 위해 세상에 나타난 부처님의 화신이라 했다. 그러나 그 모습이 인두어신이 아닌 큰 물고기의 모습이다. 그러므로 이 「아미타어」를 한국사원 수미단 인어의 원형으로 볼 수 없다. 이처럼 한국 수미단의 인어는 중국 문헌과 불교 서적에서도 그 전례를 찾기가 어렵다.

4. 수미단 인어에 대한 성파스님의 해석

실례를 무릅쓰고 성파스님은 그에 대해 어떻게 생각하시는지 과감하게

---

* 『三寶感應要略錄』(上) 「第十八阿彌陀佛作大魚身引攝漁人感應(出外國記)」: 執師子國西南極目不知幾里。有絕嶋。編居屋舍五百餘戶。捕鳥為食。更不聞佛法。時數千大魚。海渚寄來。一一作人語。唱南無阿彌陀佛。海人見之。不了所由。唯依唱言。名阿彌陀魚。有人唱阿彌陀。魚漸近岸。頻唱殺之而不去。肉甚美。若諸人久唱。所執取者。肉味最上。少唱得者辛苦之。一渚漁人。耽嗜魚肉。唱阿彌陀佛名為業。初食者一人壽盡。命終三月之後。乘紫雲放光明。來至海渚濱。告諸人曰。吾是捕魚之中老首。命終生極樂世界。其大魚者。阿彌陀如來化作。彼佛哀愍我等愚氣。作大魚身。勸進念佛三昧。若不信者。當見魚骨。皆是蓮花。諸人歡喜。見所捨骨。皆是蓮花。見者感悟。斷殺生念阿彌陀佛。所居之人。皆生淨土。空荒年久。執師子國師子賢大阿羅漢。乘神通往到彼島。傳說如此矣。

물었다. 스님은 나의 질문 요지를 들으시고는 곰곰이 생각하시더니, 사물을 좁게 보지 말고 크게 보아야 하고, 그러면 답이 보인다고 하셨다. 스님의 말씀을 요약하면 다음과 같다.

부처님을 모신 법당은 우주를 나타낸다. 이 세상에서 가장 높은 산이 수미산이고, 그 위에 부처님이 앉아계신다. 불경에 의하면 수미산은 9개의 산과 8개의 바다로 둘러싸여 있다 한다. 이를 본떠서 만든 것이 수미단이다. 수미단을 크게 상단, 중단, 하단으로 나누어 볼 수 있는데, 상단은 봉황, 공작, 학 등이 사는 천상계를, 중단은 잉어, 용, 인어, 마갈어 등이 사는 수중계를, 하단은 코끼리, 사자, 기린 등이 사는 지상계를 각기 나타낸다. 즉, 삼라만상을 표현한 것이 수미단이다.

수미단에는 여러 동물들이 등장하는데, 그 중에는 용, 기린, 인어 등 상상의 동물들도 많이 있다. 그 중 통도사 수미단의 인어는 물고기 몸에 사람의 얼굴을 하고 있으며, 몸에 연꽃을 지니고 있는 것이 특징적이다. 이러한 것이 모두 의미가 있다.

절에는 불전사물佛殿四物이 있다. 불전사물이란 법고, 목어, 운판, 범종을 말하는데, 이것들은 모든 중생들을 잠 깨우는 도구이다. 법고는 땅 위에 사는 중생들을, 목어는 물속에 사는 중생들을, 운판은 공중을 날아다니는 중생들을, 범종은 천상과 지옥에 있는 중생들을 깨우는 데 사용한다. 그러므로 사물의 소리는 모든 중생을 구원하는 부처의 소리이다. 이것과 마찬가지로 모든 중생들이 부처님의 교화를 받는 형상을 표현한 것이 수미단이라 할 수 있다. 다시 말해 법당은 모든 중생들이 부처님의 음성을 듣고 깨닫는 세계를 표현한 것이라 할 수 있다.

　불전사물 가운데 물고기를 상징화한 것이 목어이다. 목어의 유래를 설명하는 불교설화가 있다. 그것에 의하면 옛날 한 승려가 스승의 가르침을 어기고 옳지 못한 행동을 하다가 죽어서 물고기로 태어났다. 등에는 나무가 한 그루 나서 풍랑이 칠 때마다 나무가 흔들려 피를 흘리는 고통을 당하곤 하였다. 마침 그 스승이 배를 타고 바다를 건너다가 물고기가 된 제자의 모습을 보고 수륙재水陸齋를 베풀어 물고기에서 벗어나게 했다. 그리고 며칠 후에 스님의 꿈속에 물고기 제자가 나타나 "스님이 수륙제를 지내주어 물고기의 생을 마쳤으니, 자신의 등에 났던 큰 나무로 물고기 형상을 만들어 절의 전각 앞에 걸어두고 수행자들이 잘못을 참회할 때 치는 도구로 활용해달라."고 부탁했다. 이렇게 만들어진 것이 목어라는 것이다.

　이러한 목어를 스님들이 항상 들고 칠 수 있도록 만든 것이 목탁이다. 목탁의 손잡이는 물고기의 꼬리이고, 찢어진 곳은 입이며, 두 개의 구멍은 눈이다. 다시 말해 목탁은 목어이자 물고기이다. 물고기는 눈꺼풀이 없어서 눈을 감지 못해 잠을 자도 눈을 뜨고 잔다. 자면 공부 못하고, 공부 못하면 깨닫지 못해 항상 중생계를 벗어나지 못한다. 스님들이 목탁을 치는 것은 중생들로 하여금 미몽에서 깨어나 항상 눈을 뜨고 공부하라는 뜻이다.『백장청규百丈淸規』에서 목탁을 물고기는 언제나 눈을 뜨고 깨어 있으므로 그 모습을 취하여 나무에 조각하고 그것을 두드려 잠을 쫓고 혼미를 경책했다고 설명하고 있는 것도 같은 이치이다.

　이러한 설화를 두고 생각하면 미처 깨치지 못하고 어긋난 행동만 하다 그 과보로 물고기로 태어난 말썽꾸러기 제자가 구원받는 길은 다시 사람으로 태어나는 것이다. 스승이 그 제자를 위해 수륙제를 베풀었던 것도 그를 인도환생人道還生 시키기 위함일 것이다. 육도의 윤회 중 사람으로 태어나는 것이 가장 으뜸이다. 모든 중생들은 사람으로 태어나는 것을 원한다. 사람으로 태어나야 공부하여 깨달음의 세계로 갈 수 있기 때문이다.

심청이 수중에 들어가기 전에는 신분이 미천하고 가난한 여인이었다. 그러나 수중에 들어가 다시 세상으로 나왔을 때는 신분이 완전히 역전되어 고귀한 신분의 왕비가 되었다. 이때 눈여겨 볼 사항은 심청이가 수중에서 육지로 나올 때 연꽃을 통하여 나온다는 사실이다. 연은 수중식물의 으뜸이다. 연의 결실이 연꽃이며, 심청이는 연꽃을 통해 다시 인간계로 돌아온 것이다.

통도사 수미단의 인어도 그와 같다. 살았을 때 잘못을 저질러 그 과보로 물고기라는 축생계에 태어났으나, 스님들의 목탁 소리와 함께 부처님의 감화를 입으면 입을수록 연꽃을 통하여 사람의 형상으로 조금씩 변모되어가는 과정을 표현한 것이다.

이상의 내용이 수미단의 인어에 대한 스님의 해석이다. 다시 말해 그것은 죄를 짓고 물고기로 태어난 사람이 부처님의 감화를 입어 다시 사람으로 태어나는 과정을 그림으로 표현한 것이라고 보신 깃이다. 이같은 견해는 지금까지 학계에서도 없었던 새로운 해석이다. 그러한 것만으로도 수미단의 인어를 이해하는 데 참신한 제인이 아닐 수 없으며, 또 인어가 몸통에 커다란 연꽃을 지니고 있는 의미마저 새롭게 해석이 되는 것 같아 다시 한번 대웅전 수미단의 인어를 만나러 가야겠다는 생각이 들었다.

호혈석과 명태국

통도사의 호혈석

통도사 인근 서리마을에 국사당局司堂이 있다. 이곳은 매우 특이하게 국사國師가 아닌 국사局司라고 표기하고 있다. 원래는 통도사에서 관리하던 것을 현재는 마을사람들이 맡아서 행사를 치르고 있다고 한다. 이곳에는 국사대신과 산왕대신을 모시고 있는데, 그것과 함께 나무로 만든 말(목마)을 신단 위에 올려놓고 있다. 지역민들의 말에 따르면 목마가 호랑이의 피해를 막아준다고 한다. 이러한 신앙의 흔적을 통해 옛날 영축산에도 호환에 대한 두려움이 있었던 것으로 보인다.

이러한 사정으로 보아 어쩌면 통도사에도 호랑이의 피해가 있었을지도 모른다는 생각에서 그러한 것이 있느냐고 조심스럽게 스님에게 물었다. 그러자 스님은 그러한 것은 들은 적이 없는데, 호랑이와 관련된 전설은 있다고 하시면서 통도사 경내에 호혈석이 있다고 하셨다. 호혈석은 두 개가 있었다. 하나는 극락전과 급수대 사이에 있고, 또 하나는 상노전의 응진전 옆에 있었다. 전설의 내용은 다음과 같다.

옛날 백운암에 젊고 잘생긴 스님이 훌륭한 강백이 되기 위해 열심히 경전공부를 하고 있었다. 어느 날 해가 저물고 인기척이 나더니 여성의 음성이 들려와 의아하게 생각하며 문을 열었더니 한 처녀가 나타났다. 통도사 인근에 사는 처녀가 나물 캐러 나왔다가 그만 길을 잃고 헤매다가 백운암으로 들어서게 된 것이다. 날은 저물고 호랑이가 출몰하는 밤길이 위험하므로 처녀는 하룻밤 묵어갈 것을 스님에게 요청하였다.

암자에 방이 하나뿐이라 매우 난처했다. 그러나 어쩔 수 없이 스님은 아랫목을 처녀에게 내주고 윗목에 정좌한 채 밤새 경전을 읽었다. 그런데 스님의 단아한 모습과 듣기 좋은 염불소리가 처녀의 마음을 사로잡았다. 처녀는 거의 뜬눈으로 밤을 지새웠다. 처녀는 날이 밝자 집으로 무사히 돌아왔으나 스님의 모습이 머리에서 떠나지 않았다. 그 후 처녀는 스님을 사모하는 정이 날로 깊어져 마침내 병이 나고 말았다.

이에 부모는 좋다는 온갖 약을 다 썼으나 아무 소용이 없었고, 처녀의 어머니는 딸이 마음의 병이 있음을 알고 솔직히 근심을 말해보라고 일렀다. 그때서야 처녀는 스님의 이야기를 고백했고 이를 들은 부모는 백운암으로 찾아가 스님에게 자신의 딸과 혼인해줄 것을 간곡히 부탁했다. 그러나 스님의 마음은 조금도 흔들리지 않았고 얼마 후 처녀는 스님을 사모하는 한을 가슴에 품은 채 죽어서 영축산 호랑이가 되었다.

그러는 동안 스님은 드디어 통도사 강백이 되어 강원에서 학승들에게 경전을 가르쳤다. 그러던 어느 날 갑자기 거센 바람이 일더니 호랑이 울음소리가 들려왔다. 호랑이가 전각 지붕을 뛰어넘으며 포효하고 문을 할퀴며 위협을 했다. 이를 지켜보던 스님들은 스님 중의 누군가와 무슨 사연이 있을 것이라고 하면서 각자 저고리를 벗어 밖으로 던져 알아보기로 하였다. 한명씩 저고리를 벗어 밖으로 던졌으나 호랑이는 전혀 반응을 보이지 않더니 새로 취임한 강백스님의 저고리를 받더니 마구 갈기갈기 찢으면서 더욱 사납게 울부짖는 것이었다. 이를 본 강백스님은 아무래도 속세의 인연인가 싶어 합장 예경하고 바깥 어둠 속으로 뛰어 나갔고 호랑이는 스님이 밖으로 나오자마자 재빠르게 낚아채 어디론가 사라졌다. 이튿날 모든 스님들은 강백 스님을 찾아 온 산을 헤매다가 백운암 옆 산등성이에서 시신을 발견했다. 자세히 살펴보니 남성의 상징이 보이지 않았다.

그 후에도 통도사 스님들이 호환 피해를 계속 입게 되자 통도사를 찾은 한 고승이 말하기를 '이곳은 호랑이의 기운이 넘쳐나는 곳이니 호랑이의 혈을 눌러야 한다'며 붉은 피를 바른 큼직한 붉은 반석 2개를 도량에 놓게 하였다. 그러자 그 뒤부터는 호랑이가 나타나지 않았다. 이 돌이 호혈석이라 한다는 것이다.

이같은 이야기가 통도사에서는 전해온다고 하시면서 호랑이 피해를 입었다는 말을 듣지 못했다고 하시면서 그것은 어디까지나 전설이지 사실은 아닐 것이라고 하셨다. 이 말을 듣고 있던 한 회원이 "실제로 스님을 사모한 여인은 없었을까요? 출가한 승려가 한 여인을 만나 환속한 사례가 많은데, 통도사에는 그러한 경우가 없었습니까?" 하고 당돌하게 스님에게 물음을 던졌다. 그러자 스님은 "오늘은 참 이상하네. 와 자꾸 이상한 질문만 나오노? 다른 이야기 합시다." 하시더니 명태국을 드신 스님이야기를 들려주셨다.

명태국을 드신 스님

이 이야기는 전설이 아니라 사실이다. 근대 백운암에 큰 스님이 한 분 계셨다. 이 분은 통도사 출가 승려는 아니고, 이북에서 내려온 스님이었던 것으로 들었다. 이 분의 학덕도 뛰어나 모두들 존경했고, 특히 극락암의 경봉스님을 선승으로 인도하신 스님이기도 했다. 백운암에서 내려와 마을에 용무를 보시는 날이거나 하면 오고가는 길에 극락암에 들리시곤 했다. 어느 해 겨울 어느 날 이 스님이 지독한 감기에 걸려 고생하고 있었다. 그러한 몸으로 극락암에 잠시 들렀다. 이를 안타깝게 바라보던 극락암의 채공보살이 자신의 집으로 모시고 가서 따뜻한 방에 모시고 명태국을 한 솥 끓여 대접했다. 이때 홀로된 자신의 며느리를 스님 시중을 들게 하고 방문을 열쇠로 잠가버렸다. 이로 인해 그 후 여인은 아이가 생겼다. 그 스님은 가족들을 위해 통도사의 전답을 일구었는데, 어느 날 눈에 물길을 보러가셨다가 그 길로 행방불명이 되었다. 많은 이들은 아마도 그 길로 자신이 출가했던 절로 돌아가지 않았을까 추측했다. 그러나 이를 두고 통도사에서는 지금도 "그 스님은 논에 물을 보러 나갔다가 지금까지 돌아오지 않고 있다."라고 말한다. 그 이후 통도사에서는 "이 사람들아. 감기 걸려도 명태국은 먹지마라."는 유행어가 생겨났다고 하셨다.

여인이 낳은 아이는 사내아이로 어려서부터 똑똑하여 공부도 잘했다. 아버지 없이 자라나는 그를 통도사 승려들은 안타깝게 여기고 보살폈다. 그리하여 통도사에서 소학교, 보광중학교, 그리고 해동고등학교를 거쳐 혜화전문학교를 졸업했다. 학업은 물론 연설도 잘했고, 인물도 출중했다. 그리고 대학시절에는 서울지역대학연합회의 회장도 맡아서 하는 등 활발하고 적극적인 성격의 사람이었다.

이러한 재능과 외모를 갖추고 있어서 당시 여학생들에게도 대단히 인기가 있어서 혼담이 오고갔지만, 고아와 같은 그를 사위로 받아들이는 집안은 거의 없었다. 그는 훗날 S여대 교수가 되었으며, 부산 출신 여성과 결혼하여 자식도 얻었다. 그러나 자신의 신세를 비관하여 술을 너무 많이 마셔댔다. 이에 간경화를 얻어 40대에 사망했다.

그는 생전에 81년에 성파스님이 통도사 주지가 되어 가끔 서울에 가는 일이 있으면 서로 반갑게 만났다. 나이는 성파스님보다 3,4살 많았지만, 마치 스님을 대하기를 아버지를 생각하듯이 애틋했다고 한다. 그리고 간혹 그는 성파스님의 두 손을 잡고 한 없이 울곤 했다고 한다. 이러한 이야기를 하시면서 어느덧 스님의 얼굴에는 눈시울이 붉어졌다. 그러면서 "그 생각만 하면 지금도 눈물이 나요. 돌아갈 집도 절도 없고, 정분을 나눌 수 있는 혈육 하나 없는 그에게 통도사가 고향집이었겠지요." 하셨다.

용악스님과 구하스님

용악스님과 통도사 구하스님

오늘 스님이 다락방에 들어오시자, 장경각을 다녀온 한 회원이 스님에게 16만 도자대장경에 대해 감탄을 하며, 어찌 그 일을 하게 되었는지 동기에 대해 묻자, 스님은 통도사에서 대장경 사업을 한 것은 자신이 최초가 아니며, 그 사업을 처음으로 하신 분은 용악혜견龍岳慧堅(1830-1908) 스님이라고 하시면서 용악스님과 통도사의 인연을 다음과 같이 말씀하셨다.

어느 날 구하스님의 꿈에 어떤 한 여성(보살)이 통도사에 들어오는 것을 안내했다. 그 다음날 금강산 용악스님이 통도사에 찾아왔다. 당시 용악스님은 석왕사의 주지를 역임하는 등 이미 전국적으로 이름난 고승이었다. 구하 스님은 용악스님을 통도사에 머물게 하고는 자신을 참회상좌라 하고, 스승으로 모셨다. 그 후 용악스님의 게송 및 자료들을 정리하여 『용악집』의 필사본을 만들었다.

용악스님이 석왕사의 주지시절 매년 모일 모시가 되면 수암사라는 절에 가서 진수성찬 대접을 받고 돌아오는 꿈을 꾸었다. 그것도 어김없이 그 날이 되면 반복해서 꿈을 꾸는 것이었다. 그러던 어느 날 어떤 스님이 찾아와 자신은 수암사 승려라고 소개했다. 이를 들은 용악스님은 꿈에서 본 수암사의 내부 사정을 말하였더니 마치 실제 보았던 것처럼 너무나도 정확하게 일치했다.

그리하여 용악스님은 매년 꿈에서 가던 수암사를 생전에 직접 가보기로 했다. 그리하여 수암사에 도착하여 보니, 주변은 물론 내부 환경이 전혀 낯설지 않았고, 또 승려들도 아는 사람인 것처럼 안면이 있었다. 그들에게 돌아가신 스님의 행적에 관해서 물었다. 그러자 스님들은 "돌아가신 노스님은 평생 원하시던 것이 있는데, 그것을 이루지 못하시고 입적하셨다."고 했다. "그것이 무엇이오?" 하자 스님들은 "팔만대장경을 인경하는 것을 원으로 세우셨는데 못이루셨다."고 대답했다.

그 승려가 자신의 전생임을 알아차린 용악스님은 대장경을 인경하기 위해 배를 타고 남쪽으로 내려와 통도사에 머물게 되었던 것이다. 스님은 3년 산 기도를 올렸다. 그리고 회향을 하였으나 아무런 영험이 나타나지 않았다. 그러던 어느 날 밤이었다. 통도사 아래 신평 마을 사람들이 절에 불이 났다고 하며, 불을 끄러 우르르 달려왔다. 그러나 그 날 화재는 없었다. 다만 스님의 기도에 힘입어 통도사가 빛을 발하는 방광현상이 일어났던 것이었다. 사람들은 이를 보고 스님의 소원이 성취될 것이라고 생각했다. 그러나 그 후에도 아무런 영험이 나타나지 않았다.

그러자 스님은 이번에는 해인사 장경각에 찾아가서 기도를 올렸다. 회향하던 날 스님의 꿈에 구렁이腹行神가 나타나 장경각을 휘감는 꿈을 꾸었다. 그런 일이 있고 난 후 궁궐의 상궁, 관찰사를 포함한 일반대중뿐만 아니라 각 사찰에서도 대장경 인경을 위한 동참 시주가 들어오기 시작했다. 그것으로 스님은 팔만대장경 4질을 인경할 수 있었고, 3보 사찰(통도사, 해인사. 송광사)에 각 1질씩 보냈고, 자신의 전생 사찰인 수암사에 1질을 보냈다. 그 후 용악스님은 통도사에 돌아와 열반에 들어가셨다. 참회상좌인 구하스님은 보광전에서 정성껏 스님의 제사를 모셨다.

그와 같은 인경사업이 통도사에서 있은 후 성파스님에 의해 이루어진 것이 16만 도자대장경사업이었다. 현재 통도사 서운암의 장경각에는 그것이 보존되어있다. 해인사의 대장경은 목판인데, 서운암의 대장경은 도자판이다. 나무로 만들면 앞뒤로 글자를 새길 수 있는데, 도자기로 한쪽 면에 글자를 새기다 보니 16만 장이 된 것이다. 이 16만 장의 도자대장경은 성파스님이 1991년 6월에서 시작하여 2000년 9월에 완성되었다. 이를 보관하는 장경각을 짓는 데도 10여 년의 세월이 걸린 것을 감안한다면 무릇 약 22년이 걸린 셈이다.

이같은 성파스님의 16만 도자대장경이 탄생할 수 있었던 것은 용악스님이 남긴 대장경이 현재 유일하게 통도사에 완벽하게 남아있었기 때문이었다. 이것이 없었다면 스님의 도자대장경 불사도 불가능하였을 것이라는 것이 성파스님의 생각이시다.

석두와 효봉 그리고 구하

용악스님의 상좌로 금강산 유점사의 석두石頭스님이 계셨다. 효봉曉峰 스님의 은사스님이다. 효봉스님은 북한 출신이며, 출가한 사찰도 금강산 유점사이었다. 그리하여 남쪽에는 특별히 연고가 없었다. 그럼에도 조계종 초대 종정을 역임하는 등 한국불교를 이끌어온 고승대덕이었다. 스님이 열반하신 곳은 밀양 표충사이었다. 표충사와 인연을 맺게 한 것은 구하스님의 배려가 있었다. 구하스님은 용악스님의 참회상좌이었기 때문에, 용악스님의 상좌 임석두 스님이었고, 그 분의 제자가 효봉이었기 때문이었다. 그러한 인연을 중시한 구하스님은 효봉스님을 통도사 말사인 표충사의 주지로 임명하여 거처할 자리를 마련해주셨던 것이다.

효봉스님의 제자로 구산스님이 계셨다. 구산스님도 한 때 통도사에 계셨다. 구산스님은 불교정화운동에 앞장섰던 분이다. 당시 전라도 사찰에 경상도 출신 승려가 들어가 정화운동하기가 쉽지 않았다. 그리하여 통도사에서 전라도 출신 구산스님을 송광사로 보냈다. 스님은 대처 노스님을 쫓아내기는커녕, 정성껏 잘 모셨다. 그러자 노스님들은 구산스님을 신뢰하게 되었고, 주지로도 추대했다. 그리고 노스님들이 돌아가시자 저절로 송광사는 정화가 되었다. 즉, 무혈쿠데타가 일어난 셈이다. 그리하여 송광사에는 효봉스님의 문도들이 자리를 잡게 되었다. 그러자 월하스님이 보성, 원명 등 효봉스님의 상좌들과 상의하여 구하스님이 발간한『용악집』을 건네면서 용악스님과 효봉스님의 제사를 송광사에 가져가게 했다. 그 결과 송광사에는 기존의 승맥이 바뀌어져 새롭게 용악 - 석두 - 효봉 - 구산스님으로 이어지게 되었다.

구하스님과 이한산 스님

왜정시대에는 조선총독이 33본사 주지임명권을 가지고 있었다. 도지사는 직임관直任官이었고, 본사 주지는 측임관側任官이었다. 구하스님은 총독으로부터 천황의 양자로 일컬어질 만큼 친일인사였고, 총독관저를 자유롭게 드나들 수 있는 총독과도 막역한 사이였다. 그러한 그가 장기간 주지직을 맡았다. 그러한 동래 기방출입은 물론 기녀와 함께 살림을 차리기도 했다. 그리고 통도사 20여 년 예산을 탕진하고 말았다. 여기에 대한 불만을 가진 승려 및 인사들이 많았다. 또 그가 서울을 갔을 때 테러를 당해 머리에 심각한 상처를 입어 목숨까지 위태로웠던 적이 있었다. 범인은 잡지 못했다.

이러한 그를 통도사 승려들이 투표를 통해 승적을 박탈하고 말았다. 이러한 사건은 「경봉스님의 일기」에 나오는 이야기이다. 그때 반 구하 운동에 앞장선 인물이 이한산李寒山 스님* 등의 5인방이었다. 그는 배정자의 도움을 받아 서울에서 총독으로부터 주지 임명장을 받아 들뜬 기분으로 서울에서 부산에 돌아와 통도사로 가던 도중 동래의 기방에 들러 코가 삐뚤어지게 술과 음식을 먹고 마시고 술에 취해 자다가 숯불에서 나온 가스로 인해 모두 죽어버렸다. 이들을 맞이하여 취임식에 필요한 잔치 음식은 그만 장례음식이 되고 말았다.**

이에 통도사측에서는 그들의 장례를 치렀다. 그때 구하스님은 만장에 다

---

* 표충사 강사, 법무담당 한산 이장옥, 1919년 4월 4일 단장면 만세운동 주동자.
** 그의 죽음에 대해 당시 시대일보 1926년 1월 26일 자에 「양산 통도사에서 생긴 참사 무연탄 가스 중독으로 최학래, 이한산 승려 2명 세상을 뜨다(無煙炭瓦斯毒에 僧侶二名化去)」라는 제목으로 기사화되었다.

음과 같은 글을 만사輓詞로 적었다.

汝忽歸冥吾不意	그대가 갑자기 명부에 돌아갈 줄은 나는 알지 못했다.
天以於斯報人知	하늘이 여기의 많은 사람들에게 알렸다.
人生富貴貧賤事	인생에 부귀와 빈천의 일은
只在當人所作之	다만 본인이 지은 바대로 간다

이한산 측의 스님네들이 이 글이 적힌 만장을 보자마자 찢어버렸다고 한다. 그 후 구하스님이 계속 주지직을 수행했다. 그러한 일이 있고 난 후 구하스님은 천하의 운명을 타고난 사람이어서 그 사람을 해롭게 하는 사람은 피해를 본다는 소문이 생겼다. 이한산 스님을 아무리 찾아보아도 통도사에는 그러한 승명이 나오지 않았다. 표충사 만세운동을 했던 사람들의 명단에 그 이름이 들어있었다. 그는 표충사 승려이었다. 그는 독립운동으로 인해 투옥된 적도 있었던 사람이었다.

구하스님은 주무실 때 항상 돈 봉투를 여러 개 준비하여 놓았다. 그것은 독립군이 강도를 위장하여 들어왔을 때 전해주기 위한 수단이었다. 그 자금을 전해주고, 강도가 산문을 완전히 벗어나면 절 안 주재소에 도난신고를 했다. 이같이 철저히 위장하여 독립자금을 제공했다. 이러한 사실은 일반적인 독립지사들은 몰랐다. 그들은 김구하를 친일파 인물로 지목하고 있었다.

해방 후 귀국한 상해임시정부 주석 김구선생은 전국에 건국준비위원회를 구성했다. 그때 경남지부는 양산출신 김철수가 맡았다. 김구가 들러 건준위를 조직하였을 때 그 산하의 대한청년단원들이 친일인사 김구하를 처단

하기 위해 준비하는 것을 보고, "김구하 선생은 우리의 동지"라고 밝혔다. 그것으로 인해 구하스님이 탕진한 막대한 예산이 독립자금으로 들어간 것을 알게 되었다. 그 자금을 상해임시정부로 가져간 사람은 당시 재무차장을 맡았던 양산 출신 윤현진이었다. 이 이야기는 스님이 양산의 향토사가 안종석씨를 통해 직접 들은 것이다. 그는 현장에 있었고, 직접 목격한 일이라고 증언했다.

구하와 한용운

한용운은 구하스님의 보호 하에 한때 통도사 안양암에 머물렀다. 그러면서 『불교대전』을 집필했다. 그때 통도사는 그를 강사로서 역할을 맡겼다. 성파스님이 79년 부산 해동고등학교 이사장을 맡아 있었을 때 당시 교장이었던 김용호선생으로부터 들었던 이야기가 있다. 그가 통도사의 장학생으로서 혜화전문을 다니고 있었을 때 김구하 스님의 심부름으로 한용운의 집으로 찾아가 봉투 2개를 전달한 적이 있다. 하나는 현금이 들어있었고, 또 하나는 편지가 들어있었다. 이를 받아든 한용운은 편지를 펼쳤다. 그러나 그것에는 아무것도 적혀 있지 않았다. 이러한 편지를 한용운은 열심히 읽더니 얼굴에 미소를 지으며, 뚝배기 한사발의 막걸리를 내어 놓더니 권했다. 이를 송구스럽게 생각한 김용호 청년이 머뭇거리자 "네 이놈. 이렇게 해서 조선청년이 되겠느냐?" 하고 소리치더니 자신이 넙적 마셔버렸다고 한다.

김구하의 교육관

구하스님은 철저한 개화사상을 가지고 있었다. 1910년 한일합방 후 새로운 시대에 맞추어 교육, 포교 등 개혁을 실시했다. 조선불교연합회회장도 역임했다. 그 뿐만 아니라 부산 영도에 「대한도기주식회사」를 설립하여 운영했고, 경남버스, 밀양방직 등 설립 운영했다.

그 중 「대한도기주식회사」는 부산을 대표하는 굴지의 기업으로 그곳에서 생산되는 도기는 경부선을 따라 서울은 물론 평양, 신의주 등 전국으로 팔려 나갔다. 특히 한국동란이 끝난 직후 '색채의 마술사' '바다의 화가' '한국의 피카소'로 불리었던 전혁림全爀林(1915-2010) 화백이 1956년부터 1962년까지 「대한도기주식회사」에서 도자기에 그림을 그리며 생활한 적이 있다. 이처럼 「대한도기주식회사」는 예술인들의 생활터전이기도 했다.

구하스님은 신문명도 적극 수용하며 시대를 앞서 나갔다. 「해동역경원海東譯經院」을 설립해 불경을 한글로 번역·출판했고, 1920년 1월에는 우리나라 최초의 사찰잡지 『축산보림鷲山寶林』을 발간했다. 그때 구하스님은 "오늘의 조선은 어떠한가? 소위 문명시대에 신문은 그만두고 한 권의 잡지를 발행하기 어려우니 우리 사회의 발전을 어찌 구할 것인가."라고 하며, 우리 사회의 문명과 발전을 위해 『축산보림』을 발행한다고 밝히고 있다.

한편 구하스님은 인재양성에도 심혈을 기울였다. 1906년 7월 화엄전에 명신학교明新學校를 설립하여 승려들에게 필요한 불교학과 경전 외에 신교육 중심으로 이루어졌다.* 당시 학감은 김천보金天輔(=김구하), 교장은 윤치오尹致昨, 교사는 서해담徐海曇이었다. 1909년 2월 서금성徐金城 스님이 자신의 소유 답畓 26두락斗落 5승升을 명신학교에 기부했다.

명신학교는 1910년 경술국치와 함께 폐교되었으나, 이후 1916년 「사립통도사학림」으로 거듭나게 되었다. 졸업생 중 신태호는 지역 학림의 교사로 활동하였다. 1922년에는 통도사 입구 신평에 여자부 학림을 설치하여 40여 명의 여성들을 교육했다. 1928년 경남 진주군 진명학원을 인수하였고, 1934년에는 원통방이 있는 곳에 설립한 교육기관이 통도중학교이다. 이것이 경남에서 최초의 중학교이었다. 구하스님은 당시 극렬한 반대에도 무릅쓰고 등불 밑에 공부는 안 된다며 80마지기 논을 팔아서 울산에서 전기를 끌어와 교육의 불을 밝혔다.

당시 교사는 일본 유학 경험이 있는 스님들이었다. 그러나 오래가지 못하고 폐교의 수순을 밟지 않을 수가 없었다. 사건은 민비시해 사건으로부터 시작되었다. 교사들이 그것에 관해 김창숙이 지은 만사 내용을 외워서 칠판에 적었고, 학생들은 이를 통해 민비시해사건에 대해서도 알았다. 이들 중 고성, 남해에 있는 통도사 말사 승려 학생들이 방학 혹은 주말 때 집으로 가다가 부산 자갈치 뱃머리에서 불시 검문당하여 이들의 호주머니에서 김창숙의 만사가 나왔다. 그것이 사건의 발단이 되어 통도중학교가 폐교가 되고, 4명의 교사들은 모두 경찰에 체포되어 구금되었다.

이러한 사건을 겪은 구하스님은 이에 굴하지 않고 교육을 재개하고자 했다. 그러자 당국은 이미 폐교가 되어버린 통도중학교의 이름을 사용하지 못

---

* 徐海曇(1912), 『通度寺事蹟』 p.14: 第十三章 各房各庵初創重建 華嚴殿....丙午七月私立明新學校 庚戌本寺事務所.

하게 했다. 그리하여 보광중학교라는 새로운 이름으로 현재의 박물관 자리에 학교를 열었다. 그 이후에도 교육사업이 이어져 1937년 입정상업학교立正商業學校의 설립에 동참했다. 이것이 훗날 통도사가 범어사와 함께 출자하여 금정, 원효, 해동중학교가 설립, 운영이 된다.

구하스님은 포교에도 적극적이었다. 1911년 주지에 취임하여 1군郡에 1포교당이 있어야 한다고 주창하여, 1912년 마산 포교당(정법사)을 위시하여 1923년 진주 포교당(연화사) 1923년 창녕 포교당(인왕사), 1924년 물금 포교당 등을 건립했다. 주지직에서 물러난 이후에도 1927년에 언양 포교당(화장사), 1929년 창원 포교당(구룡사), 1930년에 의령 포교당(수월사), 1932년 부산 포교당(연등사), 1936년 울산 포교당(해남사), 1940년 양산 포교당(반야사) 등을 설립했다. 이것이 기반이 되어 현재 마산 정법사는 대자유치원, 진주 연화사 유치원, 울산 해남사는 동국유치원이 설립 운영되고 있다.

성파스님은 이같이 암울했던 시기에 구하스님이 이러한 활동을 펼쳤던 사상적 배경에는 구한말 이동인 스님으로부터 일어난 통도사의 개화사상이 작용한 것으로 보고 계신다.

감나무를 베고 닥나무를 심는 이유

감나무를 베고 닥나무를 심다

오늘은 다락방에 찾아온 손님이 많았다. 울산대 S교수와 졸업한 차문화 대학원 1기생들이 찾아왔다. S교수는 한문학 전공자로 최근 스님이 출가하시기 전에 쓰신 한시를 번역하고 있다. 그리고 1기생들은 금년 신입생들을 위해 입학식 찻자리를 준비하기 위해서이다.

스님에게는 반가운 손님들이었는지 지나간 옛이야기들이 터져 나왔다. 그 날 이야기는 감나무로부터 시작되었다. 지금은 사라졌지만 다락방이 있는 토굴 하우스 앞에는 감나무 밭이 펼쳐져 있었다. 그것은 스님이 30여 년을 가꾸신 것이었다. 그런데 일꾼들이 기계를 이용하여 감나무들을 아낌없이 싹뚝 싹뚝 자르고 있었다. 이를 안타깝게 생각한 사람들이 스님에게 그 이유를 물은 것이 발단이 되었다. 스님은 전통 한지를 만들기 위해 닥나무를 심을 것이라 했다. 모두들 의아한 얼굴표정을 지으며, 말문을 잇지 못했다. 이러한 표정을 짓는 우리들을 바라보시고는 자신이 한지에 집착하는 이유에 대해 아주 자세히 길게 말씀하셨다.

통도사와 한지

(1) 종이 공출

스님께서 한지에 집착하시는 데는 두 가지 이유가 있었다. 첫째는 통도사와 한지와의 관계이다. 지난 조선시대에는 불교탄압이 심했다. 특히 관가에서는 나이를 가리지 않고 스님들에게 강제로 부역을 시켰다. 그 중에서 통도사 승려들은 종이공출로 애를 먹고 있었다. 수행에 힘써야 할 승려들이 관가에서 부여한 종이공출로 인해 종이를 만드는데 대부분의 시간을 허비하여야 했다. 더구나 종이를 만들어 가지고 가면 관가에서는 일부러 그것들을 불량품으로 처리하여 다시 만들게 하고 또 다시 만들게 했다.

이러한 것들이 반복되면 될수록 승려들은 고된 노역에서 벗어날 수 없었다. 이것은 절을 완전히 망하게 하려는 처사이었다. 그러므로 탐관오리들의 행패는 이루 말할 수 없었다. 그리고 그들은 무식했다. 이러한 일이 있었다. 어느 날 고을원이 통도사를 찾아올 때 아전들이 대거 대동되는 일이 있었다. 고을원이「보광전寶光殿」을 지나가면서 "보광전이라." 하고 말하자, 그 뒤를 따르던 아전 하나가 "보광전이라 그 중 '라' 자가 잘 쓰여 졌구먼." 하고 말할 정도로 무식한 자들이 많았다.

관존민비라는 말이 있을 정도로 이들의 백성들에 대한 횡포가 이루 말할 수 없었다. 승려가 없으면 절이 망한다. 따라서 불교의 씨를 말리기 위해 승려들을 못살게 굴었다. 특히 통도사는「불지종가佛之宗家」이다. 이 절만 무너뜨리면 전국의 절은 무너지게 되며, 그 결과 조선의 불교는 끝이 난다는 것을 잘 알고 있었기에 혹독함은 통도사에 집중되었다.

이러한 상황에 놓인 통도사 승려들이 죽을힘을 다해 종이를 만들어 가지고 가면 빈번한 불량품 처리를 하였던 것이다. 여기에 견디지 못한 승려들은 절을 떠나기 시작했다. 그 결과 통도사는 폐사되기 직전 상황까지 맞이하게 되었다.

이 지경에 이르자 스님들은 대책회의를 했다. 노동이 힘들다고 절을 없앨 수는 없었다. 해답은 지금 주어진 지역을 혁파하는 수밖에 없었다. 이들에게는 이를 타개해줄 인물을 알고 있었다. 그는 다름 아닌 덕암당 혜경德巖堂蕙憬 스님이었다.

스님들은 음식을 장만하여 큰상을 차리고 덕암스님을 모셔놓고 큰 절을 하며 "오로지 스님만이 우리 절을 살릴 수 있습니다. 부디 보살펴 주소서."라고 말했다. 그러자 덕암스님은 당황해하며 어찌할 줄 몰랐다. 그러자 스님들은 입을 모아 "스님만이 권돈인 대감을 만나 이 문제를 해결할 수 있습니다. 제발 서울로 가셔서 권대감을 만나 종이공출 문제를 해결해 주시오."라고 말했다.

(2) 덕암선사와 권돈인

스님들이 덕암스님께 간절히 부탁한 것에는 이유가 있었다. 그와 권돈인과의 관계 때문이었다. 권돈인이 통영관찰사에 부임하였을 때 일이다. 그의 취임식 때 많은 축하객들이 모여들었는데, 그 중에 승려로서는 유일한 인물이 덕암선사가 들어 있었다. 그를 더욱 유명하게 만든 것은 솟을대문 사건 때문이었다. 당시 관가의 솟을대문은 그곳의 우두머리 혹은 그 이상의 직위를 가진 자만이 출입할 수 있는데, 그때 덕암스님이 그곳을 통과하여 참석하였다는 것이다. 그것도 권돈인 대감이 직접 데리고 들어갔다는 소문이 자자했다.

당시 천민에 속하는 승려가 솟을대문으로 관가에 출입한다는 것은 있을 수 없는 일이었다. 그러므로 그 소문은 순식간에 퍼져 조정에까지 알려졌다. 이에 심문을 받은 권돈인은 "자신만이 출입했을 뿐 그러한 사실이 없다."고 잘라 말했다. 그리하여 그 일은 일단락이 되었으나 입소문은 바람을 타고 나날이 전국으로 퍼져나갔다.

사람들은 그가 누구인지를 몰랐으나, 통도사 승려들은 그가 덕암스님이라는 것을 알고 있었다. 관청의 솟을대문을 통과하고, 권돈인 대감이 감쌀 정도라면 그 두 사람의 관계는 보통이 아닐 것이라고 짐작한 스님들은 통도사의 운명을 덕암스님에게 부탁한 것이었다.

(3) 북청 물장수가 된 덕암스님

이렇게 간절한 부탁받은 덕암스님은 그대로 서울로 갈 수가 없었다. 당시는 승려들의 도성출입이 금지되어있었던 시대이었다. 먼저 머리와 수염을 길렀다. 그리고 상투를 매고, 갓을 쓰고, 도포를 입고 한양으로 길을 떠났다. 그는 문장력이 뛰어나 도중에 한양 가는 선비들과 함께 어울리며 글을 겨누어도 전혀 뒤지지 않았다. 도성에 들어갈 때도 그들과 함께 무사히 들어갔다.

도성으로 들어갔다 해도 바로 권대감을 직접 만날 수는 없었다. 당시 권대감은 세도가이었기에 그를 만나는 데는 여러 가지 절차가 필요했다. 잘못하다가는 정체가 탄로가 나서 일을 그르칠 수가 있었다. 그리하여 그는 먼저 북청 물장수를 시작했다. 대감집 안채까지 들어갈 수 있는 직업이 물장수이었기 때문이다.

물장수에도 계급이 있었다. 대감집에는 아무나 하는 것이 아니었다. 그곳을 들어갈 정도가 되려면 그 중에서도 최상급 지위의 물장수이어야 한다. 그는 능력을 발휘하여 세월이 걸려 권대감집에 들어갈 수 있는 단계까지 올랐다. 권대감집에 자주 출입하면서 기회를 보다가 드디어 권대감을 만날 수 있었다. 그때 그는 그간의 사정을 얘기하며 통도사의 지역을 혁파해달라고 부탁했다. 권대감이 그 얘기를 듣더니 "통도사 말고도 인근에 어떤 큰 절들이 있느냐?"고 물었다. 이에 덕암스님은 원동 신흥사를 비롯해 몇 군데를 알려주었다. 그러자 권돈인은 "이제 아무 말 말고 빨리 통도사로 돌아가라." 하였다. 이를 듣고 덕암스님은 두 말도 하지 않고 서둘러 걸어서 통도사에 돌아왔다. 돌아와 보니 그가 도착하기도 전에 이미 벌써 조정으로부터 지역을 혁파한다는 교지가 도착해 있었다. 이렇게 통도사의 종이공출이 면제되어 통도사는 폐사의 위기에서 벗어날 수 있었다.

통도사에는 1842년(헌종 8)에 조성된 「덕암대사잡역혁파유공기德巖大師

雜役革罷有功記」과 1884년(고종 21)에 건립된「덕암당혜경지역혁파유공비德巖堂蕙璟紙役革罷有功碑」가 있다.

(4) 덕암스님의 유공비

그 중「덕암당혜경지역혁파유공비」는 통도사 부도전 앞에 있다. 그것은 그다지 크지 않고 조그만 하다. 비문의 앞면 중앙에「덕암당혜경지역혁파유공비」라고 되어있고, 좌우에 다음과 같은 글귀가 새겨져 있다. 이를 통도사 성보박물관 학예사 김흥삼박사의 도움을 받아 번역과 함께 소개하면 다음과 같다.

우측
我師之前 累卵之團
我師之後 泰山之安
千里京洛 單獨往還

우리 스님 이전에는 알을 쌓아놓은 것처럼 위태로웠는데,
우리 스님 이후에는 태산같이 안정을 이루었네.
천리의 서울 길을 홀로 나녀 오시니,

좌측
春回覺樹　蔭陰葳蕤
其儷不億　可止可居

樹此豊功 有寺無之

봄이 돌아오니 보리수 그늘 덕으로 풀이 무성하게 자랄 수 있네.
사찰의 수는 많으나 가히 머물러 살만 한 곳이고
스님의 큰 공덕은 절이 있은 이래 없던 일이라네.

김홍삼 학예사가 풀이한 내용을 정리하면「지역으로 인해 통도사가 혜경 스님 이전에 알을 쌓아놓은 것과 같이 위태로운 상황에 있었는데, 혜경 스님이 통도사에 머무신 이후부터 태산같이 안정을 되찾았다. 마치 그것은 온갖 잡초들이 봄이 되자 무성해지는 것과 같다. 이 말은 혜경스님의 덕택으로 통도사로 스님들이 많이 모여든다는 뜻이다. 그리고 우리나라 사찰의 숫자는 매우 많으나 통도사가 가히 머물러 살 만 한 곳이 된 것은 모두 혜경스님이 이룩한 지역 혁파의 공이 무엇보다 크다」는 것이다. 이러한 해설에서 보듯이 통도사가 지역으로 얼마나 위기에 처해 있었는지 알 수 있다.

「덕암당혜경지역혁파유공비」의 옆에는「권돈인의 유공비」도 그 옆에 서 있다. 그것에는 큰 내용은 적혀 있지 않다. 그리고 그 주변에는 군수 및 관리들의 공덕비들이 세워져 있다. 이들의 비석은 크고, 장본인 덕암스님의 것은 작다.

스님의 유공비 뒷면에는「광서십년갑신오월일 입 시승통의순(光緒十年甲申五月日 立 時僧統義淳」이라는 내용이 새겨져 있다. 이로 보아 이 비석은 1884년(고종 21/광서10) 의순義淳 스님에 의해 건립된 것이다. 1884년 그해는 김옥

균金玉均(1851-1894)의 갑신정변이 일어났던 해이다. 여기에 대해 성파스님은 종이 공출 면제는 갑신년 이전에 일어났던 것인데, 양반들의 시선을 의식하여 비석을 세우지 못하고 있다가 정부(관리)의 힘이 빠진 갑신년에 이르러서야 세울 수 있었을 것이라고 추정했다.

(5)

우리나라에서 종이에 관한 자료는 통도사가 가장 많이 가지고 있다. 박물관에 보관된 것만 하더라도 종이 종류만 40여 가지나 된다. 용도에 따라, 또 납품하는 곳에 따라서도 종이를 분류했었다.

스님이 젊었을 때부터 노스님들로부터 지역 혁파에 대한 얘기를 많이 들었다. 그것과 관련된 비석도 있고, 박물관에 자료들도 많이 있기 때문에 통도사에서 한지를 복원할 필요가 있다고 생각했다. 그리하여 90년도에 종이를 뜨기 시작했다.

그때 스님은 새로운 사실을 깨달으셨다. 그렇게 다량으로 생산했던 통도사 경내에 종이를 만드는 재료의 닥나무가 한그루도 없다는 것이었다. 닥나무는 뿌리가 옆으로 퍼지는 속성을 지니고 있기 때문에 없애기도 어렵다. 그럼에도 단 한 그루도 없다는 것은 의도적으로 없앴다는 것을 의미한다. 수년에 걸쳐 씩이라도 싹트면 뽑아서 태워 버렸던 것이다. 이처럼 당시 스님들에게 종이공출이 얼마나 원한이 되었으면 그러했을까 하는 생각이 들 정도이다.

그리하여 스님은 종이제작에 앞서 옛 스님들에게 고유문을 지어 올렸다. 대략 그 내용은 「종이가 과거에는 스님들에게 원수이었으나, 지금은 불사에 꼭 필요한 것이어서 제가 만들더라도 부디 용서해주소서」라는 것이었다.

감지를 찾아서

(1)

이렇게 긴 설명을 들은 한 회원이 납득이 가지 않는다는 표정을 짓더니, "그렇게 증오의 대상이 된 종이를 복원한다는 것은 용이한 일이 아니었을 터인데, 단순히 전통복원이라는 차원을 넘어서 다른 특별한 이유가 있는지요?" 하고 물었다.

그제야 스님은 자신이 한지제작에 집착하는 또 하나의 이유를 설명하셨다. 그것의 출발은 사경寫經이었다. 스님의 사경은 주지시절에 까지 거슬러 올라간다. 스님은 80년대 주지를 역임했다. 당시 40대 젊은 나이이었던 스님은 현재의 산문山門을 지었다. 그때 통도사 1년 예산이 2억이었다. 그런데 산문건립의 총비용이 2억 이상 들었다. 당연히 절에는 그러한 예산이 있을 리 만무했다. 그리하여 돈을 빌렸다. 인근 지역의 여러 사람들에게 담보 보증을 서게 하여 농협에서 대출받아 지은 것이다. 그렇게 큰돈을 들여 지으려고 했던 것은 통도사 경내가 도립공원 조성계획에 들어가 있던 것을 막아야 했고, 그것을 위해서는 산문이 꼭 필요했다.

산문 건립비용을 갚기 위해 「금니사경金泥寫經」에 열중했다. 그렇게 하려면 방해받지 않는 공간과 시간이 필요했다. 주지직에 있었기 때문에 절에는 찾아오는 사람들이 많았다. 경내에서는 작업이 어려웠다. 그리하여 동래의

한 호텔에 방을 얻어 그곳에서 글을 썼다. 그때 성파가 여인들과 호텔에 드나들며 부정을 저지른다는 이상한 소문까지 나돌았다. 그러한 가운데 이루어진 300여 점 이상의 사경작품들을 완성하여 세종문화회관의 전관을 빌어 전시를 열었다. 그때 작품이 다 팔렸다. 이어서 부산 국제회관에서도 전시하였는데, 그때도 완판되었다. 그리고 새로운 주문이 들어왔다. 당시 오늘날과는 달리「금니사경」이라는 것 자체가 잘 알려져 있지 않은 시대였다. 전문가들은 알고 있으나, 일반인들은 거의 몰랐다. 이처럼 당시「금니사경」은 생소한 것이었다.

전시회 개회식 때 당시 국전 심사위원장 청남菁南 오제봉吳齋峯(1908-1991) 선생이 참석하여 축사도 해주었다. 스님이 기억하시기론 그는 "「금니사경」은 나도 처음 보는 것이다. 내가 하려고 해도 못하는 것을 스님이 해놓으셨다."고 하며 칭찬을 아끼지 않았다 한다. 또 부산, 경남의 여러 기관장들도 참석했고, 그에 따라 언론계에서도 대대적으로 보도해주어 스님의 이름이 나는 데 한몫했다. 그 덕분에 스님은 작품들을 팔아서 산문 건립에 들어간 모든 비용을 갚았다. 그 뿐만 아니다. 이러한 스님의 작품들을 보고 호텔에서 부정스러운 짓을 하였다는 악소문이 모함에 의한 것이라는 것도 밝혀져 억울함도 벗게 되었다.

(2)

스님은 그때만 하더라도 한지에 먹물을 들인 먹지에다「금니사경」을 했다. 그러나 고려 때에는 감지紺紙에 금니사경을 했다는 사실은 알고 있었다. 그러나 당시 감지가 없었다. 따라서 감지를 만들어야 하는데, 그에 대한 지식을 전혀 가지고 있지 않았다. 스님은 그때 결심했다. 결코 감지를 만들지 못하면 사경작업도 그만두기로 했다. 그리하여 불교미술의 대가인 동국대 황수영박사에게 전화를 걸어 "혹시 박사님은 감지를 어떻게 만드는지를 아십니까?" 하고 물었다. 그도 몰랐다. 이에 약간 섭섭하고도 화가 나 "박사님마저 모르시면 우리나라에서 누가 알겠습니까?" 하며 투정어린 말까지 던졌다. 그로부터 몇 달 뒤에 황박사로부터 전화가 왔다. "감지란 한지에다 쪽물 들인 것입니다."라고 했다. 이러한 황박사의 성의에 대단히 고마웠다.

이번에는 쪽을 몰랐다. 당시에는 쪽염색을 하는 사람이 거의 없었고, 고흥에 쪽염색을 한다는 사람이 있었다. 그 분을 찾아갔더니 친절하게 설명해주었다. 그때 그는 쪽 일은 그만두고 가게를 하고 있어서 통도사로 모시고 올 수가 없었다.

당시 박물관장 범하스님이 고미술 관계자들을 많이 알고 있었기 때문에 쪽염에 대해서도 잘 알고 있었다. 그에게 쪽씨를 구해달라고 부탁했다. 범하스님은 오랫동안 수소문하여 일본에 산 경험이 있는 서울에 있는 한 여성으로부터 쪽씨 13,4개를 구해 주었다. 쪽씨는 깨알보다 훨씬 작다. 스님은 이것들을 소중히 다루어 새가 쪼아 먹지 못하게 특별히 신경을 써서 파종했더니, 다행히 발아가 잘되어 싹이 트더니 쑥쑥 자랐다.

어느 날이었다. 어떤 노보살이 지나가면서 쪽을 보니 "이거 쪽 아이가? 지금 거의 안 보이는데, 도대체 어디서 났노?" 하는 것이었다. 이 말을 듣고 얼른 쫓아가 그녀를 붙잡고 쪽물을 들이는 방법을 아느냐고 물었다. 그러자 그녀는 시집가기 전 친정어머니가 쪽물을 들이는 것을 직접 보았는데, 자신은 할 줄 모른다고 했다.

이러한 그녀를 붙잡고 함께 쪽물을 들이는 작업해보자고 제시했다. 그녀는 부산 기찰에 살고 있었다. 그 후 매일 차를 보내어 노보살을 통도사로 매일 출퇴근 시켰다. 그녀는 불명을 가지고 있지 않아, 스님은 그녀에게 옥남화玉藍華라는 이름을 지어주었다.

이렇게 시작된 쪽염색이 생각보다 잘되지 않았다. 그녀의 기억을 살리면 첫째는 사호가루가 있어야 했다. 그러나 그것이 어떤 것인지를 알지 못했다. 대개 남자들이 구해주었기 때문에 그것을 사용하는 여인들은 알지 못했다는 것이다. 그 재료는 자기 친정 마을에서 사용하였으며, 주로 진주 아래 지역에서는 그것을 사용했다는 사실을 알고 있었다. 그녀의 친정은 경남 고성이었다. 그래서 스님은 고성과 진주지역을 돌아다니며 사호가루에 대해서 수소문했다. 그 결과 그것이 조개를 구워 만든 가루라는 사실을 알게 되었다.

만드는 방법도 옛 노인들을 찾아다니며 묻고 또 물었다. 그들의 대답은 한결같다. 먼저 땅을 비스듬하게 굴을 파서 조개를 마치 도자기 굽듯이 밑에서 불을 때워 구웠다. 그리고 다 구웠다고 생각이 들면 숯 만들듯이 흙을 덮어 산소를 차단했다. 그렇게 해야 조개가 잘 빻아져 가루가 잘된다는 것이다. 이러한 기술지식을 습득하여 조개를 구해 사호가루를 만들어 쪽물에 담구고, 염색을 해보았더니 대성공이었다. 이렇게 하여 쪽염색은 완성이 되었다.

그러나 스님의 목표는 천을 쪽으로 염색하는 것에 있지 않다. 그것은 어디까지나 감지를 얻는 것이었다. 그리하여 양질의 종이를 구해 쪽물에 담가 위로 들어 보았더니 녹으면서 아래로 쳐졌다. 가만히 생각해보니 쪽물에 문제가 있는 것이 아니라, 종이에 문제가 있다고 판단했다.

(3)

　당시 전통 한지를 만드는 곳이 많지 않았다. 그리고 종이를 만들 줄도 몰랐다. 그리하여 전통 한지 생산지를 찾았다. 당시 경남 의령군 부림면 신반마을 주민들이 우리나라에서 최고로 좋은 한지를 생산하고 있었다. 그곳도 방문하여 제지기술자를 구하려고 백방 알아보았다. 많은 사람들을 만나보았으나, 시원한 해결책이 나오지 않았다. 이미 기술자가 나이가 너무 많거나, 사망하고 없어서 좀처럼 구해지지 않았다.

　그러던 중에 합천 해인사 아래 구원마을에 제지기술자가 있다는 소문을 듣고 찾아갔다. 그 분은 당시 70세가량이 된 조용이씨였다. 그 분에게 자초지종 얘기를 했더니 쪽물에 담군 종이가 왜 녹으면서 쳐지는 이유를 단번에 알아보았다. 그의 말을 빌리면 오늘날 화학약품을 사용하여 만든 종이로는 감지를 만들 수가 없었다는 것이었다. "지금은 껍질 벗기는 힘든 공정을 하지 않기 위해 표백제를 사용한다. 그리고 양잿물을 사용해서 그러하다. 그것들이 독하여 섬유질이 약해져서 내리쳐지는 것이다. 그러므로 옛날 방식으로 만든 종이가 아니면 불가능하다." "그렇게 만든다 하더라도 오늘날 그러한 종이는 수요도 없고, 가격이 너무 비싸서 타산도 맞지 않는다."고 말했다. 그리고 "옛날에 종이를 떴으나, 현재 기력이 딸려 만들 수 없다."는 것이었다.

　이를 들은 스님은 "노인장. 기력이 없으신 것은 잘 알겠소이다. 그 기술을 부디 나에게 가르쳐주시오. 나는 현대의 종이가 아닌 고려장지를 얻으려고 하오. 내가 그러한 종이를 구하는 것은 장사 목적에 있는 것이 아니요. 오로지 전통 한지를 만드는 데 목적이 있으니, 어디 함께 의미 있는 일을 한번 해봅시다."고 설득했다. 이에 노인은 응하여 통도사에 왔다.

　이제는 재료가 문제가 되었다. 먼저 닥나무를 구하기 위해 합천, 거창 등 전국 각지를 돌아다니며 수집했다. 당시는 전통 종이를 만드는 곳이 거의 없었기 때문에 재료 또한 구하기가 쉽지 않았다. 조금이라도 닥나무가 있는 시골 마을 곳곳을 다니며 지게와 경운기를 이용하여 트럭까지 운반하여 통도사에 실어왔다.

　재도 특별한 것이 필요했다. 재는 경북 안동 윗지방에서 나는 콩깍지로 만든 것이 좋고, 그 중에 제일 좋은 것은 메밀로 만든 재라고 가르쳐 주었다. 이 말을 듣고 곧장 강원도 평창까지 달려가서 메밀대를 구하였다. 재를 만드는데도 요령이 있었다. 재료를 소금물을 뿌리면서 태워서 만들었다. 닥을 삶는 것도 우리의 잿물에 삶고, 그것을 두드리는 데 필요한 몽둥이는 고염나무로 만든 것이어야 했다. 고염나무로 만든 것이 무겁고 잘 갈라지지 않는다는 이유이었다. 그것도 수소문하여 구입하여 만들었다.

　이렇게 만든 재료들을 가지고 만든 종이로 쪽물을 들여 보았더니 완벽한 것이 나왔다. 약간 과장된 표현을 하면 오늘 아침에 담가두었다가 다음날 아침에 건져도 될 정도로 쳐지지 않았다. 건진 다음에는 불순물을 떨어뜨리기 위해 차가운 물로 앞뒤를 씻어야 하는데, 샤워기를 사용했다. 그 물살이 세고, 또 그 물이 묻어 어느 정도 무게가 가중될 터인데도 끄떡없었다. 아무리 찬물이 가해져도 색이 빠지지도 않을 뿐 아니라, 아래로 조금도 쳐지지 않았다. 이렇게 스님은 조노인과 함께 비용과 생산량을 생각하지 않고 3년간 4만여 장의 종이를 만들었다. 그 덕분에 나는 전통제지기술을 완벽하게 익힐 수가 있었다. 그때는 재미가 아니라 간절한 마음으로 했기 때문에 지금까지도 잊지 않고 생생하게 기억하고 있다.

그 결과 쪽염색을 하게 되고, 한지를 만들게 된 것이다. 그 발단이 사경에 있었다. 그러나 유감스럽게도 그 후 나는 사경을 제대로 하지 못했다. 그리고 그 종이의 대부분은 요사채에 불이 났을 때 스님의 소장품들과 함께 모두 태우고 말았다. 나머지 감지는 대구의 금니사경 작가인 이순자씨에게 주었다. 그 사람은 나의 감지를 가지고 사경을 하여 일가견을 이루었다.

이제 금니사경을 위해 감지가 필요한 만큼 다시 전통한지를 만들기로 하셨다. 그리하여 30여 년 가꾸었던 감나무를 과감하게 잘라내고, 그 자리에 닥나무를 심으려고 하는 것이다. 감은 농사이고, 닥은 문화이다. 이제 스님은 과일 농사가 아닌 문화의 농사를 지어보겠다고 하시면서 오늘의 이야기 끝을 맺으셨다. 이제 한지는 새로운 가치를 지닌 것으로 세계인으로부터 주목을 받고 있다. 특히 고미술품을 복원하는 데 천연종이를 사용하는데, 우리나라의 것이 가장 좋다는 소식을 듣고 스님은 한지에 대해 한층 더 고무되어 계신다.

보경호의 유래

통도사에 보경호가 생기다

　오늘 한 회원이 언양을 들렀다가 팥빵을 사들고 다락방을 찾았다. 마침 스님께서 다락방에 들어오시어 모두 함께 차를 마셨다. 스님은 그 회원의 권유로 팥빵을 조금 드셨다. 그러다가 자연스럽게 화제가 팥이었다가 어느덧 메밀로 바뀌었다. 이때 스님은 통도사 경내 극락암과 서축암 인근 넓은 전답을 메밀과 밀 그리고 청보리를 일구고 사람들이 걸을 수 있는 산책길을 만들었다고 하시면서 우리를 데리고 그곳으로 직접 가보자고 하셨다.
　그곳으로 가본 우리는 깜짝 놀랐다. 광활한 대지 위에 메밀밭이 조성되어 있었다. 스님은 신이 나셨는지 이를 생산 가공하여 수익사업을 할 생각까지 가지고 계셨다. 마치 인구감소와 더불어 탈종교현상이 심각한 오늘날의 상황을 타개하시려는 듯 의욕을 보이셨다. 아마도 이것이 완성되면 명소 중의 명소가 될 것으로 생각되었다.

그런데 또 한 가지 놀라웠던 것 중 하나는 커다란 호수가 조성되어있다는 것이다. 이 호수를 스님은 보경호寶鏡湖라고 이름을 짓고, 그것과 관련하여 다음과 같은 한시를 지으셨다.

靈鷲山中寶鏡湖　　영축산중에 있는 보경호는
景光無盡自明來　　경관이 무진하여 저절로 밝아오네

이에 대해 스님은 중국에는 태호, 서호, 동정호와 같은 큰 호수가 있고, 일본에도 비와호琵琶湖라는 큰 호수가 있으나, 우리나라에는 인공적인 댐을 제외하면 자연스럽게 생겨난 호수가 없다. 그러한 의미에서 우리나라에도 호湖라는 이름을 가진 호수가 하나쯤은 있어도 좋겠다는 의미에서 보경호라는 이름을 지었다고 하셨다. 그리고 비록 그것이 외국의 것들에 규모는 작지만, 그것이 담고 있는 의미는 그 것들에 비해 결코 적지 않다고 덧붙여 설명했다.

성파의 정원론

스님은 평소에 한중일의 정원관이 각기 다르다고 말씀하신 바가 있다. 중국과 일본은 산과 물을 만들어 그것을 감상하기에 그야말로 조경造景이나, 그에 비해 한국은 경치가 좋은 자연 속에 들어가 감상하는 경향이 강하다. 그러므로 다른 나라에 비해 정자 문화가 발달해 있다. 이러한 점은 절 집안에서도 크게 다르지 않다. 가령 절에서는 「건너다보면 절터」라는 표현이 있다. 우리나라 절도 자연 속에 들어가 자리잡는 것을 의미한다. 이처럼 한국의 정원은 자연으로부터 경치를 빌리는 데 주력한다. 그러므로 한국의 정원은 조경이 아닌 차경借景이라 하셨다. 이러한 점에서 중국과 일본이 인공적인 정원(조경)이라면 우리의 정원은 보이는 자연 그대로이다. 즉, 가공되지 않은 자연을 빌리는 차경인 것이다.

이에 비해 불교식 정원은 차안此岸에서 피안彼岸으로 이르는 구도를 가지는 것이 특징적이다. 차안은 중생의 세계이고, 피안은 부처의 세계이다. 이러한 사고로 불교식 정원은 중생이 피안을 건너 부처의 세계로 인도하는 것으로 되어있다. 대개 차안과 피안의 사이에 물을 두기도 한다. 그것이 물이 담긴 못으로 되어있는 경우가 많다.

보경이란?

이러한 점을 감안하여 내가 "보경호는 불교식 정원을 표현하신 것입니까" 하고 묻자 스님은 "반드시 그렇지는 않다. 보경호는 일본인들이 즐겨하는 불교식 정원과 다르다. 통도사의 보경호는 영축산이 그대로 비추는 호수이다. 영축산은 석가모니께서 6년간 안거철마다 머물면서 『법화경』을 설하신「신령스런 독수리 산」이다. 그것이 그대로 비치게 하는 것에 의미가 있다. 그리하여 보경호에는 불교의 상징인 연꽃 한 포기조차 심지 못하게 했다. 그것 또한 티끌이 되기 때문이다. 보경호는 부처님의 가르침을 여과 없이 그대로 비추어 보여주는 곳이므로 보배 거울의 호수이기 때문에 보경호라고 이름을 지은 것이다."고 하셨다.

우리사회에 흔히 명경지수明鏡止水라는 말이 있다. 명경明鏡은 한 점의 티도 흐림도 없는 맑은 거울이요, 지수止水는 움직이지 않는 고요한 물이다.「명경지수」란 맑고 고요한 심경心鏡을 의미한다. 내 마음이 맑고 깨끗하면 내 마음에 내 얼굴이 비친다는 말이 있다. 그리하여 불교에선 곧잘 마음을 거울에 비유한다. 마음은 일종의 거울이고 세상은 그 거울에 나타난 형상이다. 거울에 먼지가 묻어 있으면 세상이 더러워 보이고, 거울이 깨져 있으면 거울에 비친 세상도 일그러져 보이기 마련이다. 그러므로 거울을 부지런히 닦는 일이 마음 닦는 일에 비유되곤 한다.

성파의 마음 거울

그림자를 비추는 영지影池는 거울과 같아서 절에서는 곧잘 자기 자신을 보는 도구로도 비유가 되기도 한다. 그것을 통해 자성을 찾는다면 그것이야말로 보배거울이다. 성파스님은 젊은 수행승 시절이었을 때 경봉선사에게「내 마음은 맑은 거울과 같아서, 티끌이 비치긴 비치되 티끌에 물들지 않는다我心如明鏡 照塵不染塵」라는 게송을 내민 적이 있다. 그것은 마음을 밝혀주는 보배 거울이라는 뜻을 가진 『명심보감明心寶鑑』에 다름이 아니다. 그리고 마음은 거울과 같으나, 그렇다고 거울이 결코 마음이 될 수 없다는 것을 분명히 하고 있다. 이러한 점에서 그것은 오도송과도 같다. 거울에 비친 것이 실체가 아니라 헛것이라는 것을 강조한 것이었다.

이 말은 5조 홍인대사弘忍大師(594-674)가 법통을 물려줄 제자를 찾기 위해 제자들에게 게송을 지으라고 분부하였을 때 가장 뛰어난 제자로 인정받던 신수대사神秀大師(606-706)가 다음과 같은 게송을 지었다.

身是菩提樹	몸은 보리의 나무요
心如明鏡臺	마음은 밝은 거울이니
時時勤拂拭	때때로 부지런히 닦아서
莫使有塵埃	티끌이 끼지 않도록 하라.

이를 들은 6조 혜능대사慧能大師(638-713)는 다음과 같은 게송을 지어 신수대사의 게송 바로 옆에 붙여놓았다.

菩提本非樹	보리는 본래 나무가 아니요
明鏡亦非臺	명경도 본래 경대가 아니다
本來無一物	본래 한 물건도 없거늘
何處惹塵埃	어찌 먼지를 떨 필요가 있으랴

마음이라는 거울도 본래 형체가 있는 것이 아니다. 존재의 실상에서 볼 때 모든 존재는 삼독번뇌이든 진여불성이든 본래 한 물건도 없다. 그러니 때가 없는데 어디에 때가 끼겠는가라는 의미이다. 성파스님이 가지고 있는 「티끌이 비치긴 비치되 티끌에 물들지 않는다」는 마음의 거울은 혜능의 거울과도 같은 것이었다. 스님은 통도사가 발행하는 잡지 『축산보림』 2024년 7월호에 「여연화불착수如蓮花不着水」라는 그림과 휘호를 실으셨다. 「흙탕물에도 물들지 않는 연꽃처럼」이라는 말이다. 이러한 마음의 거울을 가질 것을 강조하고 있는 것이다.
　당나라 승려 동산양개洞山良价(807-869)가 지은 「보경삼매가寶鏡三昧歌」의 구절 속에 다음과 같은 가사가 있다.

如臨寶鏡	보배 거울을 대하면
形影相覩	모습과 그림자가 서로 바라보네.
汝是非渠	그대가 그것은 아니나
渠正是汝	그것은 바로 그대이네.

　이상에서 보듯이 보배거울에 비친 내 모습이 참된 내가 아닐지 몰라도 그 모습 또한 나의 것이니, 그것에 대한 책임과 의무는 자신에게 있음을 명심할 필요도 있다고 생각되었다. 특히 남의 탓하기 좋아하는 오늘을 살아가는 우리들에게 거울에 비친 자신의 내면세계를 바라보는 것이 무엇보다 중요할지 모르겠다.

노성환 魯成煥 Noh Sunghwan

울산대 일본어 일본학과 명예교수. 통도사 차문화 대학원 교수. 일본오사카대학 대학원졸업(문학박사), 미국 메릴랜드대학 방문교수, 중국 절강공상대학 객원 교수, 일본 국제일본문화연구센터 외국인연구원 역임, 주된 연구분야는 신화, 역사, 민속, 차를 통한 동아시아비교문화론이다.

저서

『일본 속의 한국』(울산대 출판부, 1994), 『한일왕권신화』(울산대 출판부, 1995), 『술과 밥』(울산대 출판부, 1996), 『젓가락사이로 본 일본문화』(교보문고, 1997), 『일본신화의 연구』(보고사, 2002), 『동아시아의 사후결혼』(울산대 출판부, 2007), 『고사기』(민속원, 2009), 『일본의 민속생활』(민속원, 2009), 『오동도 토끼설화의 세계성』(민속원, 2010), 『한일신화의 비교연구』(민속원, 2010), 『일본신화와 고대한국』(민속원, 2010), 『일본에 남은 임진왜란』(제이엔씨, 2011), 『일본신화에 나타난 신라인의 전승』(민속원, 2014), 『임란포로, 일본의 신이 되다』(민속원, 2014), 『임란포로, 끌려간 사람들의 이야기』(박문사, 2015), 『조선 피로인이 일본 시코쿠에 전승한 한국문화』(민속원, 2018), 『조선통신사가 본 일본의 세시민속』(민속원, 2019), 『시간의 민속학 - 세상을 살아가는 시간의 문화, 일본의 세시풍속』(민속원, 2020), 『일본 규슈의 조선도공』(박문사, 2020), 『일본 하기의 조선도공』(민속원, 2020), 『한·중·일의 고양이 민속학』(민속원, 2020), 『일본에서 신이 된 고대한국인』(박문사, 2021), 『할복 - 거짓을 가르고 진실을 드러내다』(민속원, 2022), 『초암의 다실』(효림, 2022) 『성파스님의 다락방』(민속원, 2023), 『국경을 넘는 한일요괴』(민속원, 2023), 『시간의 비교민속학』(민속원, 2023), 『한국에서 바라본 일본의 차문화』(민속원, 2023), 『일본 나라의 다인과 다실』(박문사, 2024) 『중국 천태산과 한국차와 불교』(박문사, 2024), 『대만의 차와 역사』(박문사, 2024) 등

역서

『한일고대불교관계사』(학문사, 1985), 『일본의 고사기(상)』(예전사, 1987), 『선조의 이야기』(광일문화사, 1981), 『일본의 고사기(중)』(예전사, 1990), 『조선의 귀신』(민음사, 1990), 『고대한국과 일본불교』(울산대 출판부, 1996), 『佛教の祈り』〈일본출판〉(法藏館, 1997), 『일본의 고사기(하)』(예전사, 1999), 『조선의 귀신』(민속원, 2019) 등

문화와
역사를
담 다
０６９

성파스님의 지대房

초판1쇄 발행 2025년 5월 1일
초판2쇄 발행 2025년 6월 6일

그림　성파스님
글　　노성환

주간 조승연
편집·디자인 오경희·조정화·오성현·신나래·박선주·정성희
관리 박정대

펴낸이 홍종화
펴낸곳 민속원
창업 홍기원
출판등록 제1990-000045호
주소 서울 마포구 토정로25길 41(대흥동 337-25)
전화 02) 804-3320, 805-3320, 806-3320(代)
팩스 02) 802-3346
이메일 minsok1@chollian.net, minsokwon@naver.com
홈페이지 www.minsokwon.com

ISBN 978-89-285-2097-8 04380
SET 978-89-285-1054-2 04380

ⓒ 노성환, 2025
ⓒ 민속원, 2025, Printed in Seoul, Korea

이 책은 저작권법에 따라 보호를 받는 저작물이므로 무단전재와 복제를 금지하며,
이 책의 전부 또는 일부를 이용하려면 반드시 저작권자와 출판사의 서면동의를 받아야 합니다.